Moi, moi, moi

Pour tout savoir sur la puberté

par Louise Spilsbury

illustré par Mike Gordon

traduit de l'anglais par Anne-Laure Estèves

MILAN
jeunesse

Publié pour la première fois en 2009
par Wayland

Édition : Jennifer Sanderson
Graphisme : Phipps Design
Couleurs digitales : Carl Gordon
Relecture d'épreuves : Debbie Foy
Réalisation de l'index : Sarah Doughty
Relecture critique : Dr Trisha Macnair, MA, MB ChB, Dip Anaesthetics

ISBN : 978-2-7459-4973-8

Imprimé en Chine

Wayland est une maison du groupe Hachette Children's Books

Dans ce livre

Tu trouveras deux types d'encadrés dans ce livre :

Conseil

Ces encadrés donnent de précieux conseils. Les bleus sont pour les garçons, les roses, pour les filles, et les violets pour tout le monde.

Bon à savoir

Ces encadrés proposent des informations ciblées très utiles.

Tu trouveras un test à la fin de la plupart des chapitres.
Les réponses sont à la page 61.

Sommaire

CHAPITRE 1

POURQUOI EST-CE QUE JE CHANGE ?

C'est la puberté !

Depuis le jour de ta naissance, ton corps n'a pas arrêté de se modifier, mais pendant longtemps, les changements ont été progressifs et tu as grandi « en douceur ». Aujourd'hui, tu dois te dire que les transformations sont bien plus spectaculaires et que certaines se produisent incroyablement vite. C'est le grand chamboulement dans ton corps, à l'intérieur comme à l'extérieur, physiquement comme émotionnellement. Voici venue la puberté, le moment de la vie où l'on passe de l'enfance à l'âge adulte.

Pourquoi dois-tu savoir tout cela ?

Puisque tu ne peux pas y échapper, pourquoi lire un livre sur la puberté ? Tout d'abord parce qu'il vaut mieux savoir ce qui arrive à ton organisme pour pouvoir t'y préparer. En en apprenant plus, tu sauras comment faire face aux côtés « pratiques », qu'il s'agisse de se raser ou d'utiliser une serviette hygiénique. Et c'est rassurant de savoir ce qui t'attend.

Lors de ta poussée de croissance pendant la puberté, tu pourras grandir de 6 à 11 centimètres si tu es une fille, et de 7 à 12 centimètres si tu es un garçon.

BON À SAVOIR

Pendant la poussée de croissance, on grandit beaucoup en très peu de temps. Quand tu rentreras au collège, tu remarqueras que beaucoup de filles sont plus grandes que la plupart des garçons (la puberté commence plus tôt chez les filles). Comme tout ce qui se passe à la puberté, la poussée de croissance intervient à un moment différent selon les personnes, mais tout finit par s'équilibrer.

C'est pour quand ?

Les adolescents ont souvent peur que la puberté ne commence trop tôt ou trop tard, qu'ils ne grandissent jamais ou encore qu'ils n'arrêtent jamais de grandir. Pourtant, tout le monde y passe, mais pas forcément au même moment ni au même rythme. L'âge du début de la puberté varie entre les filles et les garçons, et aussi entre les personnes. Pour les filles, cela commence généralement entre huit et quatorze ans ; pour les garçons, plutôt entre dix et dix-huit ans, mais la puberté peut aussi commencer plus tôt ou plus tard.

Le rythme auquel elle se produit varie aussi selon les personnes. Parmi tes amis, il se peut que certains débutent et terminent leur croissance avant que d'autres la commencent. Parfois, la puberté est l'affaire d'une année, voire moins, et dans d'autres cas, elle peut prendre jusqu'à six ans. C'est normal. Ce n'est pas une course. Commencer tôt n'est ni mieux ni pire que commencer plus tard. Tout le monde est différent, il est donc logique que chacun ait une puberté différente.

Avec la puberté, il n'y a pas de modèle unique. Chacun vit des choses plus ou moins différentes, mais tu sauras mieux comment y faire face en étant bien informé.

Les envahisseurs

Pendant la puberté, tu auras l'impression que ton corps est attaqué par des envahisseurs très étranges ! Des boutons, des poils, des grands pieds et un nez à la forme bizarre : il y aura tant de changements que tu auras peut-être du mal à te reconnaître dans le miroir. Mais ne t'inquiète pas, même si certaines modifications sont vraiment impressionnantes, elles sont toutes normales.

Le syndrome du yéti ?
Un jour, tu vas baisser les yeux sous la douche et découvrir des poils là où il n'y en avait pas. Voici venue la puberté ! Ce sont généralement les poils pubiens (le pubis est la zone autour du sexe) qui apparaissent en premier. Ils sont loin d'être doux, et même s'ils sont fins et clairs au début, ils deviendront plus sombres et frisés. Ensuite arrivent les poils sous les bras. Puis les poils des bras et des jambes s'allongent, surtout chez les garçons. Pour eux, viendront aussi les poils sur le torse et sur le visage.

Tout le monde devient plus poilu pendant la puberté, et certains plus que d'autres…

BON À SAVOIR
Pendant la puberté, le corps grandit si vite que le cerveau a du mal à suivre. En grandissant, ton centre de gravité se déplace vers le haut. Il faut du temps au cerveau pour retrouver l'équilibre du corps. C'est pour cela que tant d'adolescents se sentent un peu pataudes.

Les poils apparaissent à différents moments et à différents rythmes selon les personnes, et la quantité, la couleur ou la longueur de tes poils ne te rend ni plus ni moins masculin ou féminin qu'un autre.

Est-ce vraiment moi ?

Presque aucune partie du corps n'est épargnée par les transformations à la puberté. Les bras et les jambes s'allongent, tout comme les pieds et les mains. Les muscles se développent, surtout chez les garçons. Certains jeunes prennent aussi du poids pendant la puberté, et la répartition de la graisse sur le corps change. Chez les garçons, les épaules s'élargissent ; chez les filles, des courbes se dessinent. Même la forme du visage change – il passe de rond à ovale – et, pour les garçons, le nez et la mâchoire s'épaississent. Aucune de ces modifications ne se fait à la même vitesse chez tout le monde. Sois patient, la plupart des gens continuent à se développer jusqu'à l'âge de dix-huit ans.

MON BLOG

>
Quand j'avais onze ans, je ne supportais pas mon apparence. Je voulais juste être comme mes amies, mais j'étais plus grande, mes pieds étaient immenses, je me sentais énorme et rejetée. Puis, les autres ont commencé à me rattraper, et maintenant, j'ai pile la taille moyenne et je me sens bien dans mon corps.

JESSICA, 15 ans

Pour une raison obscure, ce sont les pieds qui grandissent le plus vite ! Mais pas la peine de t'engager dans un cirque, ce sont aussi eux qui arrêtent de grandir le plus tôt. Le reste du corps finira par les rattraper !

Pourquoi est-ce que ça m'arrive ?

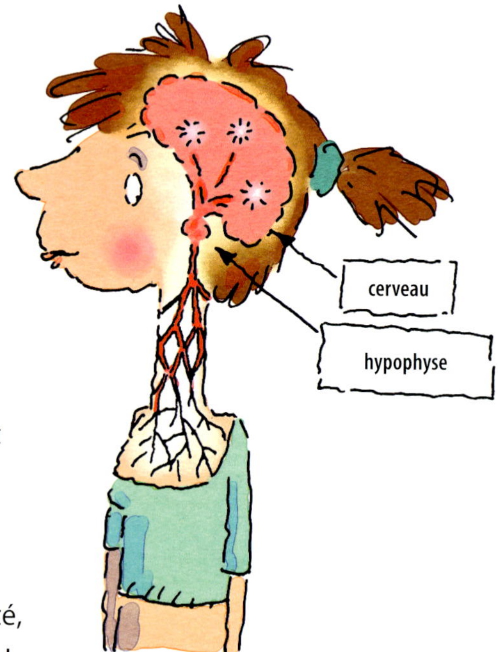

Si tu changes autant, c'est pour pouvoir devenir adulte et préparer ton organisme à la reproduction (le fait d'avoir des enfants) quand tu seras plus âgé. Le nom des coupables de toutes ces transformations ? Les hormones.

Comment fonctionnent les hormones ?

Les hormones sont des substances qui provoquent mais aussi contrôlent la plupart des changements qui se produisent dans ton organisme. Elles sont sécrétées par des glandes et transportées dans tout ton corps par le sang. Au moment de la puberté, l'hypophyse, une glande en forme de petit pois à la base du cerveau, produit et libère des hormones de croissance. Celles-ci stimulent la croissance de tes os et de ton corps. L'hypophyse commande aussi à d'autres glandes de sécréter les hormones qui te permettront de développer les caractéristiques sexuelles secondaires (les transformations externes et internes qui feront de toi un adulte).

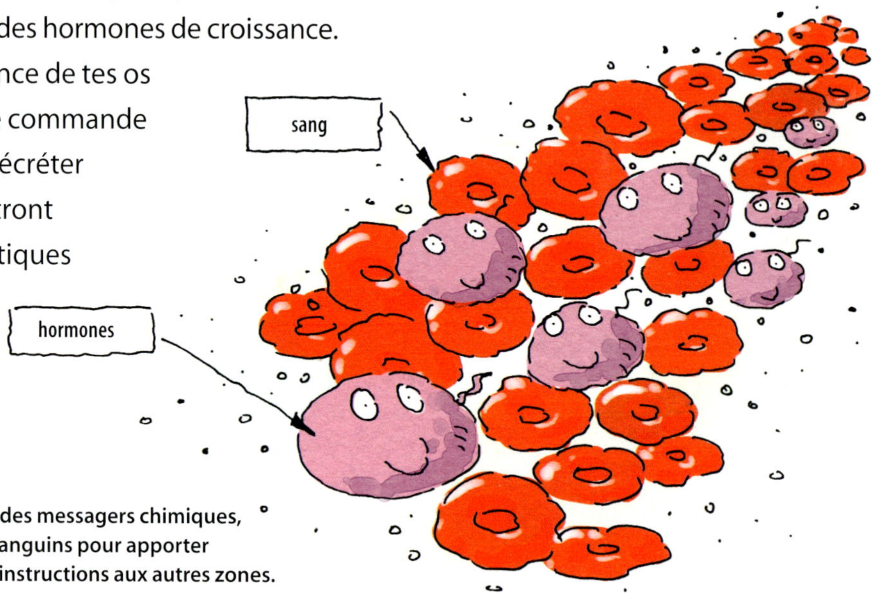

On compare souvent les hormones à des messagers chimiques, qui galopent à travers les vaisseaux sanguins pour apporter des informations importantes et des instructions aux autres zones.

Chez les garçons, les hormones libérées par l'hypophyse incitent les testicules à produire de la testostérone. C'est à cause de cette hormone que leur voix devient plus grave et qu'ils se mettent à avoir des poils. Avec les hormones de l'hypophyse, elle active la production de spermatozoïdes. Chez les filles, deux glandes (les ovaires) produisent des œufs (les ovules), et des hormones, comme les œstrogènes, qui sont à l'origine des changements qui accompagnent la puberté. Pour la reproduction, il faut qu'un spermatozoïde mâle rejoigne et féconde un ovule femelle. (Tu en sauras plus sur la reproduction sexuelle p. 32-33.)

Test

Et si on faisait un petit quiz pour tester tes connaissances sur la puberté ? (réponses p. 61)

1 La puberté commence :

a) quand l'hypophyse envoie des signaux à ton corps pour qu'il produise des hormones sexuelles.
b) quand tu entres au collège.
c) quand tu commences à devenir plus grand.

2 Combien de temps dure la puberté ?

a) Cela varie selon les personnes.
b) Un ou deux ans.
c) Elle s'arrête quand on a un enfant.

3 Qu'est-ce qu'une poussée de croissance ?

a) La courte période de croissance rapide qui a lieu à la puberté.
b) Un problème médical.
c) C'est la course que mènent les garçons à qui grandira le plus vite.

4 Pendant la puberté, un garçon peut prendre de 7 à 12 centimètres en :

a) un an.
b) un mois.
c) une semaine.

5 Les hormones sexuelles responsables de la puberté sont :

a) les œstrogènes (filles) et la testostérone (garçons).
b) les hormones de croissance.
c) les ovaires (filles) et les testicules (garçons).

Des seins et des poils !

Les filles connaissent de grands changements pendant la puberté. Certains modifient leur silhouette : leurs seins se développent et des courbes se dessinent sur leur corps, par exemple. D'autres transformations, comme le début des règles, se passent à l'intérieur.

Des formes, des formes !

Chez la plupart des filles, le premier signe de la puberté est le développement des seins. Cela débute généralement entre huit et treize ans. Les seins continuent parfois à se développer jusqu'au début de la vingtaine. Si les femmes ont des seins, c'est pour pouvoir allaiter des bébés. Les seins grossissent car, pendant la puberté, de la graisse se forme autour des glandes dites mammaires, destinées à produire le lait.

CONSEIL

Un soutien-gorge ?

Quand les seins se développent, il faut acheter un soutien-gorge. Il protège et soutient les seins dans la vie de tous les jours. Il donne une jolie forme à la poitrine et permet que tu sois à l'aise si tu portes des vêtements moulants. Même si c'est un peu embarrassant, le mieux est de demander à une vendeuse qu'elle prenne tes mesures et qu'elle te conseille en fonction de ton style de vie. Essaie plusieurs soutiens-gorge jusqu'à ce que tu en trouves un dans lequel tu te sens bien.

Pour éviter d'acheter un soutien-gorge qui ne te convient pas, mieux vaut aller dans une boutique où l'on te donnera des conseils.

Aucune fille ne commence à avoir des seins et des formes au même âge. C'est tout à fait normal.

Les filles remarqueront qu'en grandissant, leurs mamelons deviennent plus sombres et plus larges. Leurs hanches s'élargissent et leur taille s'affine. Souvent, leur ventre, leurs fesses et leurs jambes s'arrondissent, ce qui donne une silhouette tout en courbes, qui « fait femme ».

Des poils ? Où ça ?

La puberté, c'est le moment où les poils font leur entrée pour les filles. Les poils sur leurs bras et leurs jambes s'assombrissent. D'autres apparaissent sous les aisselles et autour du pubis (autour des parties génitales). Parfois, des poils plus sombres poussent sous le nez et autour des mamelons, et une ligne de poils sombres se dessine entre le nombril et les poils pubiens. (Voir p. 20 pour la façon de gérer ou de cacher les poils indésirables.)

Mon corps et moi

Beaucoup de filles se sentent mal dans leur peau pendant la puberté. Elles trouvent leurs seins trop petits ou trop gros, et leur corps trop maigre ou trop rond. Pourtant il existe des seins, des fesses et des hanches de toutes les tailles et de toutes les formes : il n'y a pas d'idéal en la matière. Les différences d'une fille à l'autre sont dues à leurs gènes et à la forme naturelle de leur corps. Il est tout aussi normal d'avoir les mamelons pointus qu'incurvés, par exemple, et certaines filles ont les seins qui poussent plus vite que d'autres. Les choses finissent par s'équilibrer tôt ou tard.

MON BLOG

>

J'ai eu des seins beaucoup plus tôt que mes copines. J'avais l'impression que tout le monde se moquait de moi. Puis, j'ai eu un soutien-gorge et je me suis sentie mieux. Quand toutes les autres filles ont commencé à prendre de la poitrine, plus personne n'a fait attention à moi.

MANON, 15 ans

Le corps féminin

Quand on achète un nouveau gadget, il est accompagné d'un manuel d'utilisation. Les filles comme les garçons doivent découvrir le mode d'emploi de leur corps et de celui du sexe opposé pour comprendre les transformations qui s'y passent.

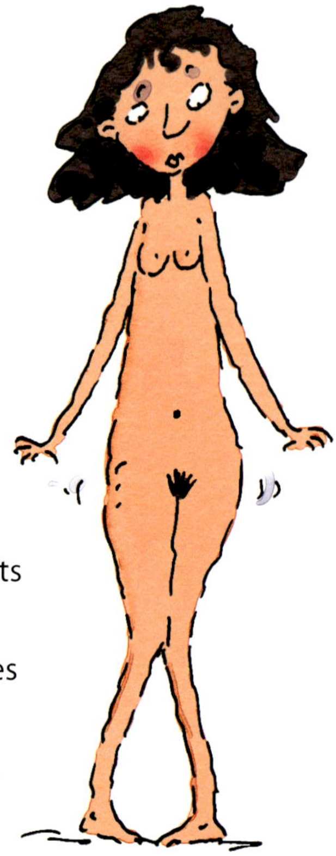

À l'extérieur

Les organes sexuels externes sont ceux que l'on peut voir. Chez la femme, l'ensemble de ces organes s'appelle la vulve. Celle-ci est composée des petites et des grandes lèvres, du clitoris ainsi que de l'ouverture de l'urètre et du vagin. À l'entrée du vagin se trouve une très fine couche de peau appelée l'hymen. Il a des petits trous dessus, qui grossissent progressivement au fur et à mesure que les filles grandissent, jusqu'à ce que l'hymen se déchire. Les lèvres sont des plis de la peau qui protègent les autres parties de la vulve. Généralement, les grandes lèvres sont en partie recouvertes de poils pubiens et les petites lèvres sont plus fines. Le petit gland en haut des petites lèvres est appelé le clitoris.

Organes sexuels externes de la femme

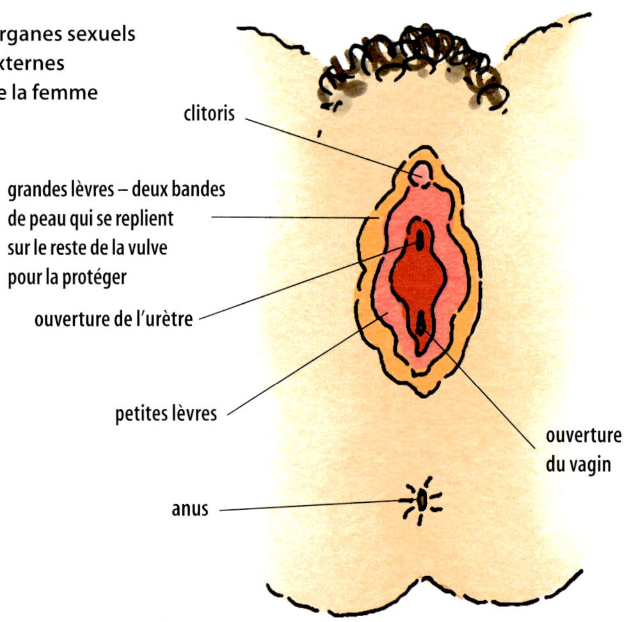

CONSEIL

Quand tu as un moment, enferme-toi dans la salle de bains ou dans ta chambre, et prends un miroir à main pour regarder tes organes génitaux. Même si tu risques de te sentir bête ou gênée au début, c'est un bon moyen de découvrir ton corps.

L'ouverture de l'urètre et l'anus ne font pas partie des organes sexuels. L'anus est le trou par lequel l'organisme évacue les déchets solides du corps (les selles). Les déchets liquides (urine) sortent par l'ouverture de l'urètre.

La vue de profil montre où les ouvertures des organes génitaux de la fille mènent à l'intérieur du corps.

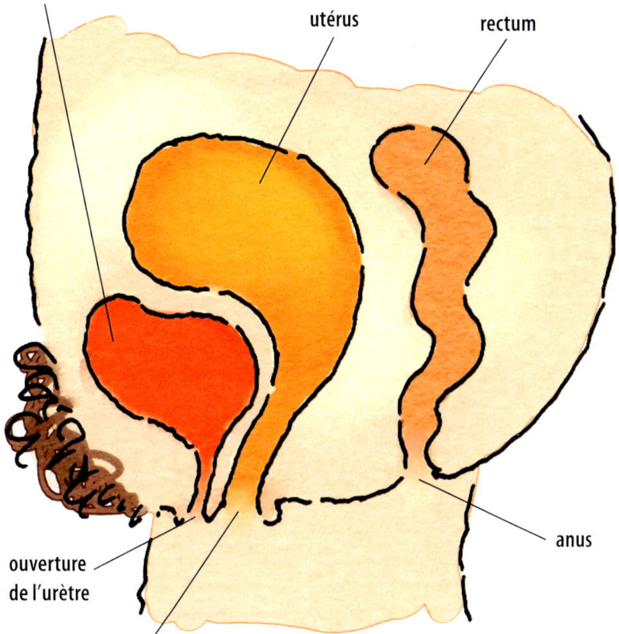

BON À SAVOIR, LES FILLES

Le clitoris est très sensible et le toucher ou le frotter procure une sensation agréable. On appelle masturbation le fait de se toucher pour le plaisir. C'est un acte normal qui ne fait aucun mal au corps. Beaucoup de filles se masturbent, et beaucoup ne le font pas.

BON À SAVOIR

Avant d'avoir leurs premières règles, les filles remarquent parfois qu'un liquide épais, laiteux et incolore s'écoule de leur vagin. Ce sont des sécrétions vaginales et il ne faut pas s'en inquiéter. C'est parfaitement normal : les parois du vagin produisent ce liquide pour que le vagin reste humide et qu'il soit protégé des infections ou des blessures. En revanche, si les sécrétions sentent mauvais ou qu'elles deviennent épaisses ou colorées, tu as peut-être une infection et il faut en parler à un médecin.

Que sont les règles ?

Pendant la puberté, les organes sexuels internes grossissent et, pour les filles, les règles, ou cycles menstruels, commencent. Certaines sont impatientes d'avoir leurs règles, pour se sentir plus « femme » ; d'autres sont plus inquiètes. Quoi qu'il en soit, sache que c'est une bonne chose car cela signifie que l'adolescente se développe correctement et qu'elle devient une femme.

CONSEIL

Quand tu auras tes règles, tu pourras noter dans un carnet les dates de début et de fin, pour calculer quand les prochaines risquent d'arriver. Comme cela, tu pourras te préparer et avoir des serviettes hygiéniques ou des tampons sur toi le moment venu (voir p. 16-17). Si tu trouves que tes règles sont trop abondantes (c'est rarement un problème : certaines filles saignent juste plus que d'autres), va voir un médecin.

Quand commencent-elles ?

En général, les filles ont leurs premières règles entre neuf et seize ans, et parfois plus tôt. Beaucoup d'adolescentes ont leurs règles au même âge que leur mère, d'autres environ deux ans après le développement des seins, mais cela reste assez imprévisible.

Qu'est-ce qu'il se passe ?

Dès les premières règles, environ une fois par mois, l'un des ovaires libère un ovule. Celui-ci descend le long de la trompe de Fallope jusqu'à l'utérus. Si un ovule est fécondé par un spermatozoïde (voir p. 32-33), un bébé peut se développer dans l'utérus. Pour s'y préparer, l'utérus renforce ses parois avec plus de sang et de cellules pour nourrir et protéger le bébé. Cependant, la plupart du temps, l'organisme n'a pas besoin de ces cellules et elles s'écoulent hors du vagin sous la forme d'un liquide semblable à du sang. Cet écoulement, ou règles, peut durer de deux à sept jours. Même si on parle de saignements et que tu as l'impression de perdre beaucoup de sang, c'est simplement le moyen pour le corps de se débarrasser des tissus et du sang en trop. Cela n'a donc rien à voir avec le sang qui coule quand on se blesse.

Vous avez dit régularité ?

Les règles ont généralement lieu une fois par mois ou toutes les trois à cinq semaines, mais la première année, c'est plutôt aléatoire. Un cycle menstruel – le temps entre le premier jour des règles et le premier jour des suivantes – peut durer de trois à six semaines, parfois plus. Même une fois que le cycle menstruel est devenu régulier, il arrive que les filles n'aient pas leurs règles si elles sont malades, qu'elles font trop de sport ou qu'elles sont préoccupées, par un examen par exemple. Cependant, si une adolescente qui a des rapports sexuels n'a pas ses règles, cela peut vouloir dire qu'elle est enceinte. Elle doit alors consulter un médecin immédiatement.

Voici à quoi ressemblent les organes sexuels internes de la femme, de face.

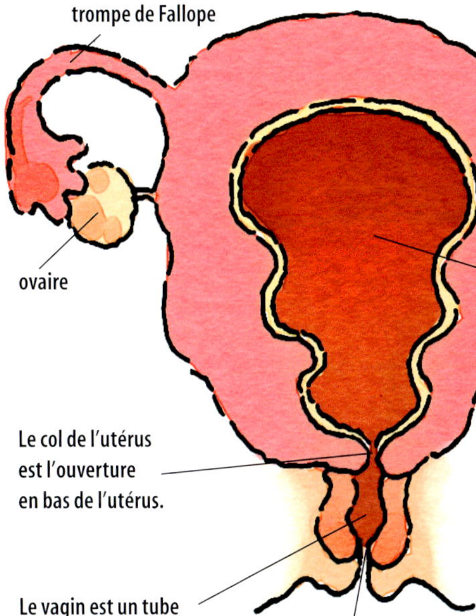

BON À SAVOIR

Les filles naissent avec des centaines de milliers de petits œufs (ovules). Les ovules commencent à mûrir, l'un après l'autre, pendant la puberté. Les ovules cessent de mûrir et les règles s'arrêtent lorsque les femmes ont entre quarante et cinquante ans. C'est ce qu'on appelle la ménopause.

Les règles, je gère

La plupart des filles utilisent des tampons ou des serviettes hygiéniques pour absorber le sang et éviter qu'il ne tache les vêtements.

Serviettes hygiéniques et tampons

Une serviette hygiénique est une sorte de coussinet qui se place sur la culotte. Elle possède généralement une bande adhésive pour la fixer à la culotte. Certaines ont des « ailettes » qui se rabattent sous la culotte pour protéger les côtés. Un tampon a la forme d'un doigt et porte une ficelle au bout. On l'enfonce dans le vagin et la ficelle pend à l'extérieur. Pour retirer le tampon, il faut tirer sur la ficelle. Certains tampons sont munis d'un applicateur, ce qui facilite l'insertion.

CONSEIL

Essaie différentes marques et tailles de tampons et de serviettes pour trouver ce qui te convient. Pour éviter les infections, change souvent de serviette et de tampon (trois ou quatre fois par jour au moins, et plus souvent les jours où le flux est abondant) et évite de porter un tampon la nuit.

Certaines filles et femmes préfèrent utiliser des serviettes car elles n'aiment pas mettre de tampons. Ceux-ci ont pourtant l'avantage d'être invisibles une fois insérés et on peut porter des vêtement serrés avec. On peut aussi en mettre pour faire de la natation ou un autre sport d'eau. Les jeunes filles commencent souvent avec des serviettes puis passent aux tampons, mais comme toujours pendant la puberté, il n'y a pas de bon ou de mauvais choix.

Le fait d'avoir tes règles ne doit pas t'empêcher d'avoir des activités normales. Tu peux même faire de la natation si tu veux.

Beaucoup ? Pas beaucoup ?

Les jeunes filles et les femmes constatent souvent que le flux de sang est plus abondant au début qu'à la fin des règles. Il existe des serviettes et des tampons plus épais pour le début et des plus fins pour les derniers jours. On peut utiliser des protège-slips (des serviettes très fines) à la fin des règles, pour les jours où il n'y a plus que des « traces » de sang. Au début des règles, quand le flux est très abondant, certaines personnes utilisent à la fois un tampon et une serviette.

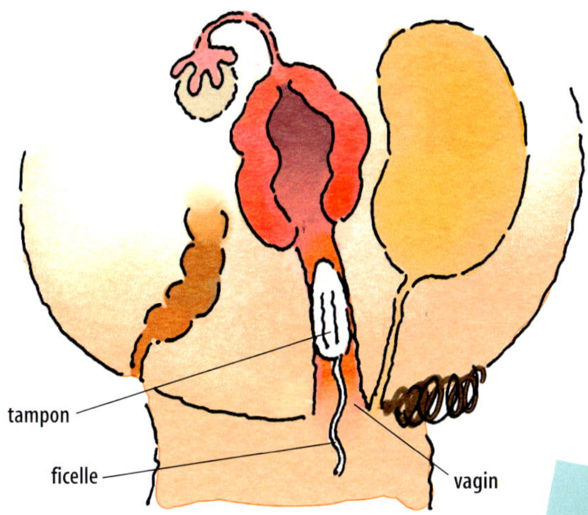

Pour mettre un tampon pour la première fois, détends-toi et respire calmement. Insère délicatement le tampon petit à petit dans ton vagin. Pousse-le sur quelques centimètres ou jusqu'à ce que tu sois à l'aise et fais attention à laisser la ficelle dépasser du vagin pour pouvoir retirer le tampon plus tard.

CONSEILS

- Si tes règles commencent et que tu n'as pas de serviette ou de tampon sur toi, tu peux utiliser du papier absorbant ou du papier toilettes plié. Puis demande un tampon à une amie ou à l'infirmière de l'école ou achètes-en à un distributeur.
- Si tes vêtements sont tachés de sang, enlève ton pull et noue-le autour de la taille jusqu'à ce que tu puisses te changer.
- Tu peux te doucher ou prendre un bain sans problème sans tampon ni serviette. Un peu de sang s'écoulera simplement dans l'eau. Retire ton tampon avant de te laver et mets-en un autre après.

BON À SAVOIR

Quand tu dois jeter ta serviette usagée, ne la mets pas dans les toilettes. Elle risque de boucher les canalisations et, de plus, elle est dangereuse pour l'environnement. Il y a souvent dans les toilettes une poubelle spéciale pour les serviettes, avec des pochettes où les glisser avant de les jeter. Tu peux jeter ton tampon dans les toilettes mais il vaut mieux l'enrouler dans du papier toilettes et le mettre dans une poubelle.

Règles et petits soucis

Souvent, les filles ne se sentent pas très bien avant, pendant ou après leurs règles. Elles ont parfois des crampes, le ventre ballonné, les seins sensibles ou gonflés, des douleurs au ventre, au dos ou à la tête. Toutes les filles n'ont pas les mêmes symptômes. Et il y a toujours un moyen de rendre ces désagréments plus supportables.

Stop à la douleur !
L'exercice (sport ou étirements) peut apaiser les crampes et d'autres douleurs pendant les règles. Les filles qui ont les seins sensibles ont intérêt à porter un soutien-gorge qui maintient mieux. Pour les douleurs au ventre, rien de tel qu'une bouillotte sur l'estomac. Tu peux aussi porter des patchs diffusant de la chaleur sous ton pantalon, pour calmer la douleur. À l'occasion, tu peux prendre un médicament contre la douleur, mais demande toujours à tes parents ou à un soignant avant de le faire.

CONSEIL

Beaucoup de filles se sentent mal à l'aise à l'approche de leurs règles parce qu'elles ont peur de sentir mauvais. C'est rarement le cas mais il vaut mieux se laver le sexe chaque jour, surtout pendant tes règles, pour éviter les infections. Lave-toi et essuie-toi toujours de l'avant vers l'arrière pour ne pas amener de bactéries de l'anus vers le vagin (c'est aussi pour cela qu'il vaut mieux s'essuyer de l'avant vers l'arrière aux toilettes).

Tu auras peut-être l'impression d'être affamée et d'avoir des fringales pendant les règles, mais essaie d'éviter les excès.

La tension prémenstruelle (TPM)

En plus de provoquer un inconfort physique, les règles peuvent aussi influer sur l'humeur. Les filles sont ainsi parfois plus sensibles à ce moment-là. Elles se sentent de mauvaise humeur, irritables, déprimées ou fatiguées et ont parfois du mal à se concentrer. Les médecins ne sont pas sûrs à 100 % que cette tension existe, mais selon une théorie, le changement de taux d'hormones lié au cycle menstruel aurait une influence sur les éléments chimiques du cerveau qui contrôlent l'humeur.

Il arrive que certaines filles soient de mauvaise humeur et perdent patience facilement au moment des règles…

On peut apaiser la TPM par quelques moyens très simples. Il faut notamment éviter les situations stressantes au moment des règles. Par exemple, ne te laisse pas déborder par tes devoirs. Organise-toi et termine-les la semaine avant tes règles. Tu peux aussi t'occuper davantage de toi en prenant un bain moussant ou en te couchant tôt avec un bon livre ou un magazine. Ne t'en veux pas trop si tu t'énerves facilement. Tu pourras toujours expliquer aux autres que tu es en pleine tension prémenstruelle pour justifier ta mauvaise humeur.

BON À SAVOIR

Le syndrome du choc toxique est une très rare infection du sang provoquée par une bactérie et très peu de femmes qui utilisent des tampons en sont victimes. Les symptômes sont les suivants : mal à la tête et à la gorge, muscles douloureux, fièvre, vomissements, diarrhée, troubles et vertiges, ou rougeurs.

Discussion de filles

Lorsque des poils sombres apparaissent sous les bras et sur les jambes, au niveau du maillot, et parfois sous le nez, deux solutions : soit laisser tel quel, soit se débarrasser des poils !

MON BLOG

>
J'ai commencé à avoir des poils sous les bras à neuf ans. J'ai dû me raser parce que mes amies l'avaient remarqué et ça me gênait. Maintenant, je ne me rase plus que quand c'est vraiment nécessaire, comme quand je vais à la plage. Tout le monde devrait être bien dans sa peau. Alors, le rasage, pourquoi pas, mais seulement quand il le faut.

LISE, 13 ans

Il y a bien des moyens de retirer les poils indésirables. Attention au prix, au temps et à la douleur !

LE RASOIR : c'est rapide, pas cher et indolore si on le fait avec un rasoir propre sur peau humide avec de la crème à raser. Mais, les poils qui repoussent peuvent irriter la peau. Les filles ne doivent jamais se raser le visage.

LA CRÈME DÉPILATOIRE : elle est indolore car elle dissout les poils à la racine. La repousse est plus douce qu'après le rasage, mais cela revient plus cher et peut irriter la peau.

LA PINCE À ÉPILER : ce n'est pas cher et la repousse est lente, mais il faudrait des semaines pour épiler une jambe ! Il faut couper les poils autour des mamelons avec de petits ciseaux propres. Si on les retire à la pince, il y a des risques de poils incarnés et d'infections.

LA CIRE : l'épilation à la cire peut se faire à la maison ou en institut. La repousse est lente, et au bout d'un certain temps, les poils s'affinent. Mais c'est douloureux et cher.

L'ÉLECTROLYSE : elle ne se pratique qu'en institut et revient très cher, mais l'épilation est définitive.

LA DÉCOLORATION : on peut décolorer des poils sombres pour qu'ils se confondent avec la peau. Ce n'est pas douloureux mais cela fonctionne mal sur les peaux sombres.

Tu n'es pas obligée de t'épiler. Si tes poils ne te gênent pas, laisse-les tranquilles.

Candidose et cystite

Les filles souffrent parfois de candidose ou de cystite. La candidose est une infection vaginale. On ressent des démangeaisons et des douleurs dans le vagin. Un liquide blanc, épais et malodorant s'en écoule et il est difficile d'uriner. Il est important de voir un médecin pour s'assurer que c'est bien une candidose et pour pouvoir traiter le problème. La cystite est une infection bactérienne qui provoque une inflammation de la vessie. On a envie d'uriner souvent mais seulement quelques gouttes s'écoulent. Les symptômes sont : une sensation de brûlure au moment d'uriner, une urine trouble, une légère fièvre et des douleurs au dos ou au ventre. Il faut alors boire beaucoup d'eau, dont deux verres mélangés avec une cuillerée à café de bicarbonate de soude. Si cela ne marche pas, il faut voir un médecin.

Test

À combien de questions sauras-tu répondre ? **(réponses p. 61)**

1 **Chez la plupart des filles, la puberté commence lorsque leurs seins commencent à se développer.**
Vrai ou faux ?

2 **Tes règles débutent quand tes ovaires commencent à produire des ovules.**
Vrai ou faux ?

3 **Les premières règles sont souvent irrégulières.**
Vrai ou faux ?

4 **Tu dois changer de tampon au moins toutes les quatre à huit heures.**
Vrai ou faux ?

5 **On peut jeter une serviette hygiénique usagée dans les toilettes.**
Vrai ou faux ?

6 **TPM signifie tentation prémenstruelle.**
Vrai ou faux ?

7 **L'exercice peut aider à apaiser les douleurs menstruelles.**
Vrai ou faux ?

8 **Pour les filles, le meilleur moyen de se débarrasser des poils sur le visage est le rasage.**
Vrai ou faux ?

Poils et pomme d'Adam

Certaines transformations de la puberté, aussi bien internes qu'externes, ne touchent que les garçons et en font des hommes. Par exemple, ils ont plus de poils et leur voix devient grave. L'autre changement majeur a lieu sous la ceinture. Les garçons ont alors parfois l'impression que leurs parties intimes sont ouvertes au public...

Des poils en veux-tu, en voilà !

L'un des premiers signes de la puberté chez les garçons est la pousse de poils. À ce stade, ils commencent à avoir des poils sur le visage et sous les bras ; d'autres, épais et drus poussent sur le pubis (autour du pénis). Les poils des bras et des jambes deviennent sombres et plus épais. Vers la fin de la puberté, certains garçons ont des poils qui poussent sur le torse. Beaucoup d'adolescents se rasent le visage mais certains se laissent pousser la barbe ou la moustache. Pour éviter les infections, il vaut mieux utiliser de la crème à raser et un rasoir propre, et ne pas prêter son matériel.

MON BLOG

>

Quand j'avais treize ans, mes tétons ont commencé à me faire mal et à grossir. J'avais peur d'avoir les seins qui poussent comme une fille ! Je me sens un peu stupide d'avoir pensé ça parce que tout a fini par rentrer dans l'ordre et on m'a dit que c'était normal, que c'était juste mon torse qui changeait et grossissait. J'aurais aimé le savoir à l'époque !

ALEXANDRE, 15 ans

Si beaucoup d'adolescents et d'hommes se rasent la barbe, ils laissent généralement le reste en l'état.

Une voix pas vraiment mélodieuse

La voix des garçons change aussi pendant la puberté. Au beau milieu d'une conversation, on a parfois l'impression d'entendre soudain un chat qu'on égorge ou une cornemuse. C'est la voix du garçon qui « mue » pour prendre la tonalité plus grave d'un adulte. La voix émane de muscles de la gorge appelés cordes vocales, situés dans le larynx. Lorsque les garçons grandissent, leurs cordes vocales s'épaississent et le ton de leur voix devient plus grave. Les adolescents ont ces « ratés vocaux » parce que les cordes vocales et le larynx sont en train de s'adapter aux changements. Les sons aigus cessent une fois que la voix s'est stabilisée.

BON À SAVOIR, LES GARS

L'autre nouveauté dans ta gorge, c'est l'apparition de la pomme d'Adam (la boule sur ton cou), qui fait partie du larynx. Comme tes cordes vocales grossissent, le larynx grandit aussi, et il est souvent tellement gros qu'il forme une petite bosse sur le cou. Il se peut que tu aies une grosse pomme d'Adam, ou une petite, ou pas du tout : chacun est différent.

La pomme d'Adam fait référence au jardin d'Éden et au morceau de fruit défendu qu'Adam mangea et qui resta coincé dans sa gorge.

Dans le corps d'un garçon

Des transformations s'opèrent à l'intérieur du corps des garçons avant que les premiers changements externes ne soient visibles. Les organes internes sont dits reproducteurs ; les organes externes sont les organes génitaux.

Les organes sexuels masculins

La première chose que les garçons vont remarquer est que leurs testicules grossissent. Les testicules sont des glandes ovales placées dans de petits sacs de peau fripée appelés bourses. Au cours de la puberté, les testicules prennent la taille et la forme de petites prunes. Elles « pendent » à l'extérieur du corps pour que la température des spermatozoïdes qu'elles contiennent restent juste en dessous de celle du corps. Parfois, des garçons ont l'impression qu'une testicule est plus basse que l'autre. C'est normal et ainsi, elle aura moins de risque de se cogner contre l'autre !

En l'espace d'un an, le pénis devient plus gros et plus long. Il contient un tube appelé l'urètre, à travers lequel l'urine passe depuis la vessie. Du sperme sort aussi du pénis lorsqu'un garçon ou un homme éjacule. (Voir p. 26-27 pour plus d'informations sur le sujet.)

CONSEIL

Comme elles sont à l'extérieur du corps, les testicules se blessent facilement. Tu t'en es probablement déjà aperçu si on t'a donné un coup de pied mal placé par erreur pendant un match de foot, par exemple. Protège-toi en portant une coquille quand tu pratiques un sport de contact comme le rugby ou le basket.

BON À SAVOIR

On a parfois retiré le prépuce (en entier ou en partie) de certains garçons au cours d'une opération, lorsqu'ils étaient bébés. On appelle cela la circoncision et on la pratique en général pour des raisons religieuses. Ainsi, beaucoup de juifs et de musulmans sont circoncis. La circoncision n'a aucun effet sur le fonctionnement du pénis.

Le gland est situé au bout du pénis et contient l'ouverture à travers laquelle s'écoule l'urine. Le prépuce est un pli de peau qui recouvre le gland ; il est doux et sensible au toucher.

Une fabrique à spermatozoïdes

Les organes sexuels internes ont surtout pour rôle de produire et d'acheminer les spermatozoïdes, les cellules reproductrices masculines. Ce sont les testicules qui les fabriquent, et pendant la puberté, elles se mettent à en produire des millions chaque jour. Elles continueront généralement jusqu'à la fin de la vie de l'homme. Les autres organes sexuels internes stockent les spermatozoïdes (l'épididyme), les transportent des testicules vers l'urètre (le canal déférent), ou produisent la substance qui garde les spermatozoïdes en bon état (les vésicules séminales et la prostate).

Les organes génitaux, ou sexuels, de l'homme

Organes externes

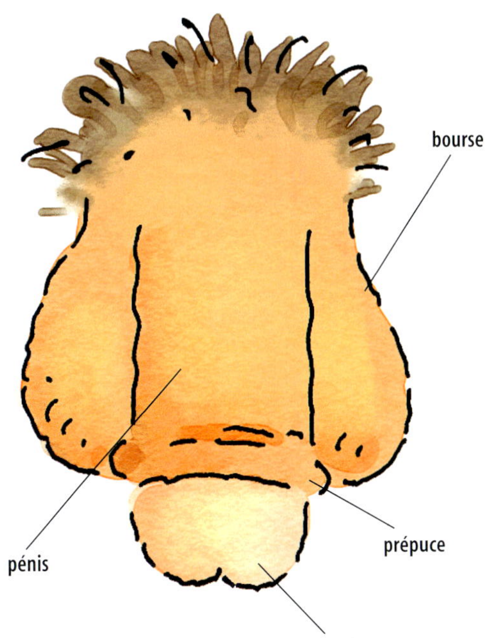

Organes internes

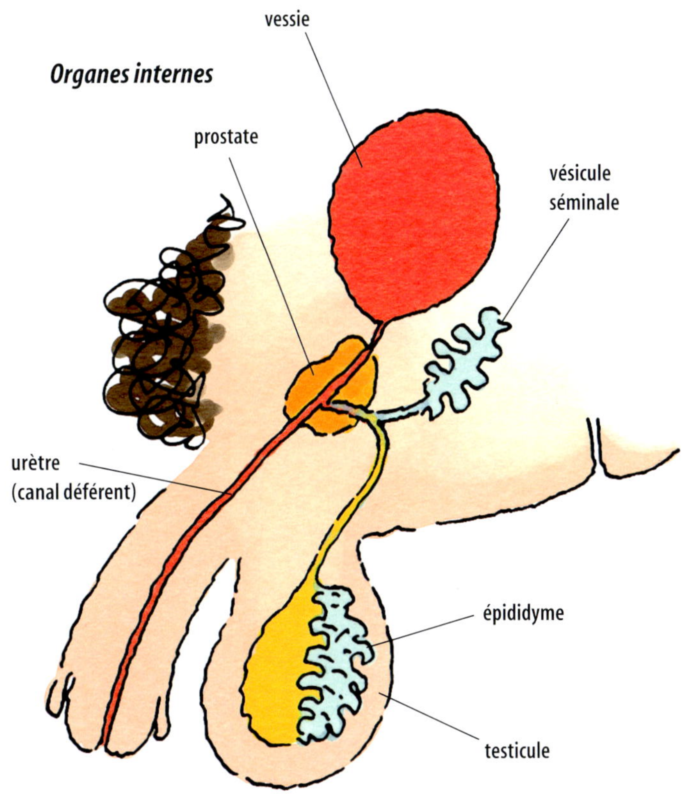

Par la volonté du pénis

Pendant la puberté, les garçons ont parfois l'impression que leur pénis fait ce qu'il veut. Ils se rendent compte qu'ils ont une érection – quand le pénis devient dur et raide – au moment où ils s'y attendent le moins. C'est la faute des hormones dans leur corps.

Tout ce que tu as toujours voulu savoir sur les érections

Quand l'organisme commence à produire plus d'hormones sexuelles, les garçons ressentent plus de désir sexuel. Cela provoque les érections. C'est ce qui leur permettra plus tard d'avoir des enfants. Le problème, c'est que, pendant la puberté, les adolescents peuvent avoir des érections spontanées, parfois à des moments improbables, comme quand ils sont assis dans le bus ou en classe. Il arrive qu'un garçon ait une érection juste parce qu'il est content, ou parce qu'il a une poussée d'hormones sexuelles. C'est embarrassant, certes, mais normal. Il suffit de se détendre et de croiser les jambes pour que l'érection retombe après quelques minutes, avant que qui que ce soit ne s'en soit aperçu.

Une érection a lieu quand les vaisseaux sanguins du pénis s'élargissent pour laisser plus de sang affluer à travers les tissus spongieux à l'intérieur du pénis. Les muscles qui l'entourent se contractent pour qu'il reste dur. C'est un peu comme quand on remplit un ballon d'eau et qu'il grossit et devient dur au fur et à mesure.

BON À SAVOIR

- Chaque jour, un homme adulte produit de 50 à 500 millions de spermatozoïdes.
- Les spermatozoïdes sont si petits qu'il faut un microscope pour les voir.
- Lors d'une éjaculation, un homme produit environ une cuillerée à café de sperme, qui peut contenir jusqu'à 400 millions de spermatozoïdes.

Comment ça marche ?

Quand un adolescent a une érection, il peut aussi avoir une éjaculation. Elle se produit quand les spermatozoïdes passent rapidement de l'épididyme au pénis, à travers le canal déférent. Sur le chemin, des substances provenant des vésicules séminales et de la prostate se mêlent aux spermatozoïdes pour former un liquide laiteux appelé sperme. Celui-ci passe dans l'urètre et jaillit hors du gland du pénis. Les spermatozoïdes qui ne sont pas éjaculés restent dans les testicules pendant environ trois semaines avant d'être absorbés par le corps.

CONSEIL

Si tu as une érection, mieux vaut attendre avant d'uriner car, quand ton pénis est dur, un muscle bloque le passage de l'urètre à la vessie, pour que tu ne puisses jamais uriner en même temps que tu éjacules. Cela signifie que le sperme et l'urine ne peuvent pas se mélanger dans l'urètre.

Si tu as une érection spontanée alors que tu es debout, attrape un livre ou un sac et place-le discrètement devant ton sexe jusqu'à ce que le problème disparaisse.

Discussion de garçons

L'un des soucis qui taraude la plupart des garçons à un moment ou à un autre est : mon pénis est-il normal ? Est-il trop petit ou trop gros ? A-t-il une forme étrange ?

Question de taille et de forme

Parfois, les garçons comparent la taille de leur sexe et de celui de leurs amis. Mauvaise idée ! Le pénis n'a pas la même taille selon les cas. Quand il fait froid, tous les garçons ont le pénis qui rétrécit, et quand ils ont une érection, il grossit. Il est aussi normal d'avoir le sexe qui penche ou qui se courbe d'un côté ou de l'autre.

En fait, la taille et la forme du sexe n'ont rien à voir avec la virilité. Du moment que le pénis fonctionne correctement, ces considérations n'auront aucune influence sur les capacités sexuelles de l'homme. Des études ont montré qu'à l'âge adulte, les hommes ont tous le pénis plus ou moins de la même taille (de 11 à 13 centimètres de long) quand il est en érection.

MON BLOG

>
À l'école primaire, j'avais l'impression que mon pénis était plus petit que celui de mes copains. Ça me rendait malade et je ne me douchais jamais après le sport de peur que quelqu'un s'en aperçoive. Maintenant, je sais que certains gars ont le pénis aussi long au repos qu'en érection, et que d'autres ont le sexe qui rétrécit après une érection. Si j'avais su, je ne me serais pas autant inquiété à l'époque.

THÉO, 16 ans

Même si tu as l'impression que ton pénis est plutôt un modèle mini, tu seras surpris de voir la différence quand il sera en érection !!

Émission nocturne, *quèsaco* ?

On dit que les garçons ont une émission nocturne quand ils éjaculent pendant leur sommeil. Ils s'en rendent compte au réveil parce que leur pyjama ou leurs draps sont mouillés. C'est tout à fait naturel et normal. Huit hommes sur dix ont des émissions nocturnes. Les adolescents ont probablement plusieurs érections par nuit sans s'en rendre compte et ils ont généralement au moins une émission nocturne par mois. Celles-ci font simplement partie de la vie, et elles s'arrêtent par la suite.

Les rêves n'ont pas forcément de rapport avec ce que tu désires réellement.

Et la masturbation alors ?

La masturbation, c'est quand un garçon se déclenche lui-même une érection et se fait éjaculer (ou « jouir ») en se caressant ou en frottant son pénis. Les adolescents et les hommes ressentent une sensation agréable en se touchant. Quand ils se masturbent, cette impression devient de plus en plus forte jusqu'à ce qu'ils éjaculent. La vague d'excitation qui les submerge quand ils jouissent est aussi appelée orgasme. Il n'y a aucun mal à se masturber, et on peut le faire aussi souvent qu'on le veut. C'est un acte normal ; certains le pratiquent, d'autres non. Cependant, la masturbation est quelque chose de personnel et doit rester privé.

CONSEIL

Ne panique pas si tu te rends compte que tu as eu une émission nocturne en t'imaginant dans une situation absurde avec des personnes improbables. Ce n'est pas parce que tu as rêvé de danser nu dans tout le gymnase avec ta prof d'éducation physique que tu as envie de le faire en vrai !

Ce n'est pas tout

Il y a encore quelques petites choses que les garçons doivent savoir sur l'entretien de leurs parties intimes…

Avoir toujours le pénis propre : telle est la règle numéro un en matière d'hygiène pour les garçons.

Il faut que ça brille !

La graisse et la saleté ont tendance à se glisser sous le prépuce (quand le garçon en a un) ; il faut donc bien laver sous la peau tous les jours. Pour cela, tire doucement le prépuce vers l'arrière, lave la zone dégagée avec de l'eau chaude et du savon non parfumé, puis essuie-la avec une serviette propre. Cela permet aussi de retirer le smegma, la substance blanche et épaisse que l'on trouve sous le prépuce. Celle-ci sert à lubrifier le gland et le prépuce, mais elle peut dégager une odeur de fromage moisi si on ne lave pas le pénis régulièrement !

Bosses et boutons

Il arrive que les adolescents et les hommes aient des boutons ou des bosses sur le pénis. C'est courant et souvent bénin. Les petites bosses (d'habitude près de la base du sexe) sont des glandes sébacées au niveau des follicules

Voici quelques petits soucis qui peuvent turlupiner les garçons :

DES TESTICULES BLEUES : cela se produit quand du sang remplit les vaisseaux sanguins dans les testicules. Dans ce cas, tu risques d'avoir un peu mal aux testicules si tu as une érection mais que tu n'éjacules pas.

UNE INFLAMMATION DU PRÉPUCE : si ton gland devient douloureux, rouge et qu'il te gratte, tu as peut-être une infection bactérienne. Lave-toi soigneusement, et si cela ne disparaît pas au bout d'un jour ou deux, va voir un docteur.

DE L'ECZÉMA : si tu as des rougeurs qui te grattent autour du sexe, c'est peut-être de l'eczéma, une infection provoquée par le même champignon que celle qui cause le « pied d'athlète ». Le médecin te prescrira un spray ou une crème.

UNE CANDIDOSE : si ton pénis est rouge, douloureux, qu'il te démange et qu'une substance malodorante s'en écoule, il est possible que tu aies une infection appelée candidose. Elle se soigne avec une crème prescrite par un médecin.

des poils, qui sécrètent de l'huile. Les petites grosseurs blanches et dures sur et autour du gland n'ont rien d'inquiétant non plus, mais il ne faut pas les gratter, car cela peut provoquer des infections. Parfois, les garçons ont des boutons sur le pénis, mais ils disparaissent comme n'importe quel autre bouton. Cependant, si un adolescent a des boutons sur le pénis et qu'il est sexuellement actif, cela veut peut-être dire qu'il a une infection sexuellement transmissible (IST), comme de l'herpès ou une verrue génitale, et il doit voir un médecin sans attendre. (Pour plus d'informations sur les IST, voir p. 40-41).

Test

Alors ? Que sais-tu sur le corps masculin ? Fais ce test pour le découvrir. (réponses p. 61)

1 L'un des signes de la puberté chez les garçons est la pousse des poils. Où apparaissent-ils ?

a) Sur tout le corps.
b) Sur le visage, sous les bras et autour de la base du pénis.
c) Sous le nez et sur le torse.

2 Qu'est-ce qui cause une érection ?

a) Un os à l'intérieur du pénis.
b) Une augmentation de l'afflux sanguin dans le pénis.
c) Un afflux de sperme dans le pénis.

3 Les spermatozoïdes sont produits par :

a) l'urètre.
b) les testicules.
c) la prostate.

4 Quelle est le différence entre les spermatozoïdes et le sperme ?

a) Il n'y en a pas.
b) Les spermatozoïdes sont les cellules reproductrices ; le sperme est le liquide dans lequel nagent les spermatozoïdes.
c) Les spermatozoïdes proviennent des testicules et le sperme est la substance blanche qu'on trouve sous le prépuce.

5 Les hommes cessent de produire des spermatozoïdes :

a) autour de 40 à 50 ans.
b) jamais : ils produisent des spermatozoïdes toute leur vie.
c) quand ils ont plus de 70 ans.

Qu'est-ce que le sexe ?

Tous les changements qui s'opèrent à la puberté ont pour but de faire de toi un adulte capable de se reproduire, mais en quoi consiste le sexe exactement ? Dans ce chapitre, tu apprendras comment le sexe peut mener à une grossesse, ce que dit la loi sur les relations sexuelles, comment fonctionne la contraception et tu trouveras les réponses à plein de questions que tu te poses depuis longtemps.

BON À SAVOIR

Certaines personnes croient qu'on ne peut pas tomber enceinte si c'est la première fois qu'on a une relation sexuelle, si on a un rapport debout ou pendant les règles de la femme, ou si l'homme se retire avant d'éjaculer. C'est faux ! Il suffit qu'un spermatozoïde rentre dans le vagin, de quelque manière que ce soit, pour qu'une grossesse soit possible.

Le rapport sexuel à la loupe

Quand un homme et une femme ont une relation sexuelle, ils commencent par s'embrasser et se caresser. Ce sont les préliminaires. Il est important de prendre son temps car cette étape sert à exciter les corps et à les préparer pour le rapport. Les hommes ont alors une érection, et les parois du vagin de la femme se lubrifient. Quand ils sont prêts, l'homme glisse son pénis dans le vagin de la femme. Celui-ci s'élargit pour que le pénis passe facilement. Puis le couple commence à bouger pour que le sexe de l'homme aille d'avant en arrière dans le vagin. Cela procure une sensation de plaisir de plus en plus forte. Les deux partenaires peuvent avoir un orgasme, pas forcément en même temps, lorsque les sensations atteignent un pic. À ce moment, l'homme éjacule. Ensuite, son pénis reprend sa taille normale et il peut se retirer du vagin.

Mieux vaut reparler un peu de sexe et de contraception au cas où tu n'aurais pas été très attentif pendant les cours de biologie.

La conception

Une fois à l'intérieur, les spermatozoïdes passent le col, puis l'utérus, vers les trompes de Fallope. Beaucoup s'arrêtent en chemin, ou vont vers la trompe qui ne contient pas d'ovule (les ovaires ne libèrent qu'un seul ovule, par une trompe, chaque mois), mais ceux qui sont sur la bonne voie font la course pour trouver l'ovule. Souvent, aucun d'eux n'y parvient, mais si un spermatozoïde l'atteint et y pénétre, son matériel génétique fusionne avec celui de l'ovule. C'est la conception, la formation d'une nouvelle vie. L'ovule s'entoure alors d'une barrière chimique pour éviter que d'autres spermatozoïdes ne l'atteignent. L'ovule est maintenant fécondé et descend lentement dans la trompe vers l'utérus, où il commencera à se transformer en un embryon, le premier stade du développement d'un bébé.

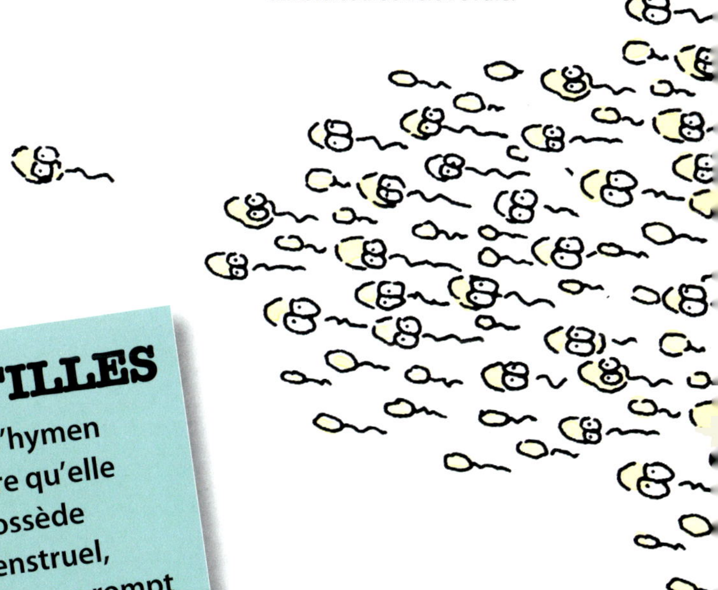

Dès que l'homme a éjaculé à l'intérieur de la femme, les spermatozoïdes se lancent dans la course vers l'ovule.

BON À SAVOIR, LES FILLES

À une époque, les gens disaient que si l'hymen d'une fille était déchiré, cela voulait dire qu'elle avait eu un rapport sexuel. L'hymen possède un trou, par lequel s'écoule le sang menstruel, et qui s'agrandit au fil du temps. L'hymen se rompt souvent naturellement. Sinon, il se déchirera lors du premier rapport sexuel. La jeune fille risque alors de saigner un peu.

Le sexe et toi

Tu as peut-être l'impression d'être mûr et de savoir ce que tu veux. Et tu penses sûrement que, du moment que tu te protèges, personne n'a à décider quand tu seras prêt à avoir des rapports sexuels. Cependant, la loi n'est pas tout à fait de cet avis...

Ce que la loi dit

L'une des choses importantes à savoir est que, dans la plupart des pays, il y a des lois concernant l'âge de consentement, c'est-à-dire l'âge auquel il est légalement permis d'avoir un rapport sexuel. En France, il est interdit d'avoir des relations sexuelles avant l'âge de quinze ans. Mais quand il s'agit de deux adolescents du même âge, il est rare que l'affaire soit portée en justice, à moins que l'un des deux ait forcé l'autre à avoir un rapport, mais, dans tous les cas, la loi est là pour te protéger et te guider. Si tu as moins de quinze ans, tu te sens peut-être prêt physiquement à avoir des rapports, mais tu ne l'es sûrement pas émotionnellement, même si tu crois l'être. D'un autre côté, tu ne te sentiras pas forcément prêt à quinze ans. D'ailleurs, beaucoup de jeunes attendent bien plus longtemps avant d'avoir des relations sexuelles.

La loi est là pour t'aider. Avant de décider d'avoir des relations sexuelles, aie en tête l'âge de consentement et discute des différents moyens de contraception avec ton partenaire et ton médecin.

MON BLOG

>

Quand j'ai décidé de ne pas avoir de relations sexuelles tout de suite, j'étais contente de ma décision. Je me suis aperçue que je pouvais parler plus librement aux garçons et la plupart d'entre eux (et des filles) me respectaient plus grâce à ce choix.

ZOÉ, 16 ans

J'y vais ou j'y vais pas ?

Si tu as des relations sexuelles trop jeune, tu risques de te sentir mal à l'aise et d'en garder de mauvais souvenirs. La plupart des jeunes préfèrent attendre d'être plus âgés et d'avoir rencontré une personne à qui ils tiennent et avec qui ils ont une relation sérieuse. Ne fais pas comme ceux qui ont des rapports sexuels juste parce qu'ils pensent que tout le monde le fait.
En réalité, plus des trois quarts des adolescents ont plus de seize ans la première fois qu'ils ont un rapport sexuel. Certains le font pour se sentir plus adultes ou pour pouvoir se vanter de leurs exploits. C'est oublier qu'ils risquent d'attraper une infection sexuellement transmissible ou IST (pour plus d'informations sur les IST, voir p. 40-41) ou d'avoir mauvaise réputation, ce qui pourrait rebuter celui ou celle qui leur plaît vraiment.

CONSEIL

Il est parfois difficile de dire non quand quelqu'un à qui tu tiens essaie de te convaincre d'avoir des relations sexuelles avec toi. Mais c'est ton corps et tu ne dois avoir de rapport que lorsque tu es sûr que c'est le bon moment et la bonne chose à faire. Si tu es trop jeune ou pas prêt, il faut dire non. Et tu n'as absolument pas à te justifier de ne pas être prêt. Si quelqu'un te dit qu'il tient à toi au point de vouloir avoir des relations sexuelles avec toi, il doit aussi te respecter suffisamment pour attendre que tu sois prêt. S'il ne le fait pas, demande-toi si c'est vraiment la bonne personne pour toi.

Pas la peine d'avoir recours à la violence pour faire comprendre à ton petit ami que tu ne veux pas aller plus loin : dis-lui simplement ce que tu ressens.

La contraception

Avoir un enfant est un grand bouleversement dans la vie et, quand on est jeune, cela peut aussi impliquer de dire adieu à ses études, à son avenir professionnel, mais aussi aux sorties avec les copains car il faut rester à la maison pour s'occuper du bébé. Le moyen le plus sûr pour ne pas tomber enceinte est de ne pas avoir de relations sexuelles, mais il vaut mieux connaître les autres méthodes de contraception.

CONSEIL

Si un couple a des difficultés à parler de contraception ou que l'homme refuse de porter un préservatif, cela signifie que les deux partenaires ne sont pas prêts à avoir une relation sexuelle. Il ne faudrait jamais envisager de rapport sexuel sans s'être mis d'accord sur un moyen de contraception. Et, même dans ces cas-là, aucun contraceptif n'est sûr à 100 %, donc, à chaque rapport, il y a un risque – certes minime – que la femme tombe enceinte.

Les préservatifs

Il existe deux sortes de préservatifs ; tous deux sont en latex ou en polyuréthane. Non seulement ils permettent d'éviter les grossesses non désirées, mais ils protègent aussi contre les infections sexuellement transmissibles (IST).

Pour éviter d'avoir des enfants avant d'avoir le temps, l'argent et l'énergie qu'ils demandent, renseigne-toi bien sur la contraception !

Pour mettre un préservatif correctement, déroule-le entièrement jusqu'à la base du pénis.

Le préservatif masculin est le plus couramment utilisé. Il ressemble à une chaussette qu'on déroule sur le pénis en érection. Quand le pénis commence à se ramollir (après une éjaculation) le préservatif glisse et du sperme risque de s'en échapper. L'homme doit donc tenir le préservatif et se retirer du vagin avant que son pénis ne perde sa rigidité. Le préservatif féminin se place à l'intérieur du vagin. Il est beaucoup moins courant et plus difficile à utiliser. Les deux sortes de préservatifs fonctionnent de la même manière : ils empêchent le sperme d'atteindre l'ovule, mais ils doivent ABSOLUMENT être mis en place avant que le pénis ne s'approche du vagin et ils sont à usage unique. On les trouve en pharmacie ou au supermarché.

Les autres formes de contraception

Le diaphragme ou la cape cervicale sont des protections que la femme glisse dans le vagin contre le col de l'utérus pour faire barrière au sperme. Utilisés avec un spermicide, ils empêchent les spermatozoïdes d'atteindre l'ovule. La pilule contraceptive empêche les ovaires de libérer un ovule chaque mois et rend les parois de l'utérus plus fines et moins aptes à recevoir un ovule. Il existe d'autres possibilités, comme les injections, les implants et des protections que l'on place dans l'utérus. Pour en savoir plus, parles-en à un médecin ou à un membre du centre de planning familial. La plupart proposent des conseils gratuits et anonymes.

BON À SAVOIR

Les femmes peuvent prendre la « pilule du lendemain » pour éviter une grossesse. Elles ont jusqu'à trois jours après un rapport pour se la procurer si la contraception n'a pas fonctionné, par exemple, si le préservatif a glissé ou s'est percé. On trouve la pilule du lendemain chez le médecin ou en pharmacie, mais elle ne doit être utilisée qu'en cas d'urgence ou si aucune contraception n'a été utilisée.

Protège-toi

Le désir sexuel incite certaines personnes à abuser de leur force, de leur âge ou de leur position familiale pour obliger quelqu'un d'autre à faire des choses d'ordre sexuel avec elles. C'est ton corps et personne n'a le droit de te forcer à faire quoi que ce soit contre ta volonté. Tu dois apprendre à te protéger contre ces dangers.

Qu'est-ce qu'un abus sexuel ?
On parle d'abus sexuel quand une personne oblige quelqu'un d'autre à avoir un rapport ou un contact sexuel avec elle contre sa volonté. Par exemple, si quelqu'un te touche à un endroit qui te gêne ou que cela te fait mal, ou s'il te demande d'enlever tes vêtements. Ou encore s'il te montre des films ou des photos pornographiques quand tu es seul avec lui ou qu'il te parle avec des termes sexuels.

Que faire en cas d'abus ?
Les victimes d'abus sexuel se sentent parfois coupables. Elles pensent qu'elles ont provoqué leur agresseur d'une manière ou d'une autre. Mais la victime n'est jamais responsable de l'abus sexuel, même si elle était proche de son agresseur, quel qu'il soit, avant que cela se produise.

CONSEILS

La plupart du temps, tu ne crains rien quand tu sors, mais il vaut mieux prendre certaines précautions, surtout la nuit :

- Ne fais jamais d'auto-stop. Demande plutôt à quelqu'un que tu connais de te ramener, dors chez un copain, prend le bus ou le train, ou même un taxi, de préférence avec un ami. Assure-toi que le taxi a bien une licence.
- Préviens ta famille de l'endroit où tu vas, de l'heure à laquelle tu rentres et du chemin que tu vas prendre.
- Si tu es bloqué quelque part, appelle tes parents, même s'il est tard. Cela risque de les inquiéter au début mais ils seront rassurés de te savoir sain et sauf.
- Emprunte toujours les rues larges et bien éclairées. Évite les petites allées sombres ou arborées. Reste sur tes gardes : n'écoute pas de musique et ne téléphone pas, car cela t'empêcherait d'entendre quelqu'un arriver.

Si toi ou quelqu'un que tu connais a été ou est victime d'abus, tu dois en parler à un adulte digne de confiance, ton père, ta mère, un ami, un soignant, un médecin ou un policier. Ce sera sûrement plus dur si tu connais l'agresseur, surtout si c'est un membre de ta famille. Cela dit, tu dois te montrer fort pour aider la victime et éviter que d'autres personnes soient mises en danger. Tu pourras aussi trouver conseil auprès de plusieurs associations (voir p. 63 pour une liste de ces organismes), qui te répondront gratuitement au téléphone.

Ne chatte pas avec n'importe qui

Beaucoup de cas d'abus sexuels trouvent leur origine sur les chats. Tu cours un risque en parlant à un inconnu sur Internet car il peut mentir très facilement. Par exemple, il est déjà arrivé que des hommes âgés se fassent passer pour des adolescents et chattent avec une jeune fille ou un garçon dans le but de la ou le rencontrer et d'abuser d'elle ou de lui. Mieux vaut donc aller sur des chats privés avec des gens que tu connais déjà. Ne laisse jamais de photographies ou de détails personnels sur un site public et ne donne pas d'informations te concernant à quelqu'un que tu ne connais pas dans la vraie vie. Et surtout, ne donne jamais rendez-vous à quelqu'un rencontré sur Internet, car cela pourrait être très dangereux.

Si quelqu'un dit quelque chose de grossier, de choquant ou de déplacé sur Internet, informes-en ton fournisseur d'accès à Internet.

Les IST

Les infections qui se transmettent d'une personne à une autre lors d'un rapport sexuel, ou même par un simple baiser, sont appelées infections sexuellement transmissibles (IST) ou maladies sexuellement transmissibles (MST). Le problème avec ces infections, c'est qu'on ne sait jamais si quelqu'un en a une, ni parfois même si on en a une soi-même.

Tout le monde se sent un peu gêné quand il s'agit de parler de ses problèmes personnels, mais les médecins et les infirmières ont l'habitude de traiter ce genre de cas. Ils ne te jugeront pas et respecteront ton intimité.

BON À SAVOIR

Les poux du pubis et les acariens ne sont pas des IST. Ce sont de petits insectes qui peuvent passer d'une personne à l'autre lors d'un rapport sexuel. Ils vivent sur la peau et provoquent de fortes démangeaisons. Tu peux t'en débarrasser à l'aide d'une crème prescrite par un médecin.

Quelques IST :

LES CHLAMYDIAE : c'est une infection bactérienne. Les hommes comme les femmes ont des pertes blanchâtres et des douleurs quand ils urinent. Les femmes ont parfois mal au ventre, leurs règles sont abondantes et elles saignent entre deux cycles. L'infection se traite avec des antibiotiques, mais si elle n'est pas soignée, elle peut altérer la capacité d'une femme à avoir des enfants.

L'HERPÈS : ce virus provoque des cloques et des plaies autour du nez, de la bouche, des yeux, ou des parties génitales et de l'anus. Il se transmet par un baiser ou un rapport sexuel. On le soigne à l'aide de crèmes et de cachets, mais il réapparaît souvent, car une fois que l'on est contaminé, le virus reste dans l'organisme.

LA GONORRHÉE : aussi appelée « chaude-pisse », cette infection bactérienne est la cause de pertes vaginales et péniennes, de douleurs au moment d'uriner et parfois de symptômes grippaux. Non soignée, elle peut altérer la capacité d'une femme à avoir des enfants et endommager les testicules d'un homme.

VIH/SIDA : Le VIH est un virus qui détruit les cellules du système immunitaire. Lorsque celui-ci est très affaibli, le patient a le sida. Comme l'organisme n'est plus capable de se défendre contre les infections graves, cette maladie peut conduire à la mort.

Des signes qui ne trompent pas

Si tu as des douleurs au ventre ou au sexe, des rougeurs ou des démangeaisons au niveau du pubis, des problèmes pour uriner ou des pertes inhabituelles, demande de l'aide. Parles-en à tes parents pour qu'ils te prennent un rendez-vous avec un médecin ou une infirmière. Tu peux aller directement à l'hôpital ou chez un médecin si tu préfères. Pense à demander à l'hôpital que les résultats des analyses éventuelles restent confidentiels.

CONSEIL

Si tu te rends compte que tu as une IST, tu ne dois pas avoir de rapports sexuels tant que tu n'as pas été soigné et que tu es encore contagieux. Si tu crains d'avoir transmis une infection à quelqu'un, tu dois lui en parler, aussi embarrassant que celui puisse être, pour qu'il ou elle passe un test aussi.

Test

Es-tu calé sur le sexe ? (réponses p. 61)

1 **On ne peut pas tomber enceinte lors du tout premier rapport sexuel.**
Vrai ou faux ?

2 **Les 3/4 des adolescents n'ont pas de rapports sexuels avant leurs seize ans.**
Vrai ou faux ?

3 **Une femme ne peut pas tomber enceinte si elle ou son partenaire porte un préservatif pendant le rapport sexuel.**
Vrai ou faux ?

4 **MST signifie maladie sans traitement.**
Vrai ou faux ?

5 **Le seul moyen sûr de ne pas tomber enceinte et de ne pas attraper d'IST est de ne pas avoir de relations sexuelles.**
Vrai ou faux ?

6 **Tu peux donner rendez-vous à quelqu'un rencontré sur Internet sans risque si tu sais beaucoup de choses sur lui ou elle.**
Vrai ou faux ?

Des élans d'émotions

Pendant la puberté, les émotions ont tendance à jouer aux montagnes russes. À un moment, tu planes de bonheur, l'instant d'après, tu es au trente-sixième dessous. Ces brusques sautes d'humeur ont deux raisons : la modification du taux d'hormones et ce qui se passe autour de toi. Par exemple, les examens, les compétitions, les problèmes avec les amis et les parents.

En colère et frustré ?

Tous les adolescents ont des hauts et des bas, mais que se passe-t-il quand les émotions prennent le dessus ? Certains jeunes sont tellement énervés et frustrés qu'ils se déchargent de leurs émotions en criant sur les autres ou en étant agressifs physiquement. D'autres s'enferment dans leurs mauvaises pensées, ils se coupent des autres et en viennent parfois même à s'infliger des blessures.

BON À SAVOIR

Il est normal de se sentir en colère, frustré ou triste de temps en temps. Cela arrive à tout le monde. Cependant, quand quelqu'un se sent mal depuis tellement longtemps que cela influe sur chaque aspect de sa vie au point qu'il ou elle ne sait plus comment s'en sortir, c'est un cas de dépression. Si tu te sens vraiment déprimé, tu devrais en parler à un parent, un professeur, un ami ou un médecin.

Si tu as l'impression que la pression devient trop lourde à porter, parles-en à quelqu'un. Ne laisse pas les choses empirer. Trouve une autre échappatoire pour tes sentiments. Beaucoup de jeunes se sentent mieux en pratiquant un sport, notamment un art martial ou un sport de combat, qui leur permet de canaliser leur énergie et leur agressivité de façon positive. Sinon, essaie d'écrire ce que tu ressens, peut-être sous forme d'une lettre à la personne qui t'a fait de la peine. Même si tu n'envoies jamais cette lettre, le simple fait d'écrire suffira peut-être à t'aider à te sentir mieux.

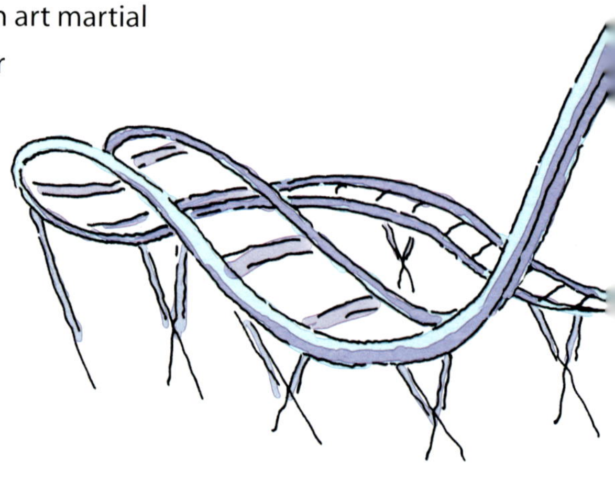

Halte au stress !

L'un des moyens de combattre le stress est d'en trouver les causes et d'éviter ces situations ou ce qui les provoque. Par exemple, si tu es stressé à cause de tes devoirs, crée-toi un emploi du temps pour les faire. Ainsi, tu seras à jour et tu pourras réviser pour être prêt en cas de contrôle. Si tu as des problèmes dans une matière, demande de l'aide au lieu de t'acharner seul sur la question. Ne sois pas trop dur avec toi-même si tu échoues à un examen. Du moment que tu as fait ton maximum, c'est tout ce qui compte.

Comme si tu étais dans des montagnes russes, tu peux être en pleine forme à un moment, et triste la minute d'après, te sentir mûr pour affronter tous les problèmes un jour, et être désespéré le lendemain. C'est un moment difficile à passer mais, si cela peut te rassurer, tout le monde passe par là.

Marre des parents !

À la puberté, tu commences à devenir plus indépendant par rapport à tes parents. Tu te mets à avoir tes propres idées et à développer ton identité, avec tes opinions et tes goûts. Tu as envie de décider de tout par toi-même alors que tes parents pensent toujours que c'est à eux de prendre les décisions pour toi. C'est une période de changements et d'adaptation pour chacun de vous et cela crée souvent des tensions. Mais certaines choses peuvent s'améliorer.

L'heure est aux compromis

Les parents établissent des règles parce qu'ils t'aiment et qu'ils ne veulent pas qu'il t'arrive quoi que ce soit. Parfois, tu as l'impression qu'ils s'inquiètent trop, peut-être à cause des histoires effrayantes qui passent à la télévision, et ils t'imposent des règles qui te paraissent irrationnelles. Essaie de leur parler calmement pour voir si vous pouvez arriver à un compromis. Si tu sors, dis-leur où tu vas et avec qui. Si tu te montres responsable, ils accepteront peut-être de faire des concessions et de te laisser sortir plus longtemps ou plus souvent.

MON BLOG

>

L'année où j'ai passé le brevet, mes parents sont devenus super stricts. Ils ne voulaient pas que je sorte ; ils disaient que je devais rester à la maison et travailler. J'ai arrêté de leur parler et les choses ont empiré. Finalement, ma tante les a convaincus de me laisser plus de liberté. Ils l'ont plutôt mal pris, parce qu'ils pensaient vraiment faire ce qui était le mieux pour moi.

JESSICA, 17 ans

Si tu envoies un SMS à tes parents ou que tu leur téléphones pour leur dire que tout va bien, ils verront que tu te montres responsable.

La communication

Tu auras sûrement envie de hurler après tes parents ou de te disputer avec eux parce qu'ils sont tout simplement incapables de comprendre ce qui se passe dans ta vie. Ils comprendraient peut-être mieux si tu leur expliquais ce qui te dérange. Choisis un lieu et un moment calme, et expose clairement tes problèmes. Par exemple, s'ils font quelque chose qui te gêne, dis-leur pourquoi cela t'ennuie. Si tu te sens sous pression et que ça te met de mauvaise humeur, dis-le-leur ; ils se montreront plus compréhensifs. Essaie de leur parler plus souvent de ta vie de tous les jours, ou demande-leur comment ils vont. Si tu ne te fermes pas à la communication, ce sera plus facile d'aborder certains sujets sensibles.

Si tu racontes à tes parents ce que tu fais au quotidien et que tu t'intéresses à leur vie, tu auras aussi moins de mal à aborder certains sujets plus importants.

CONSEIL

L'honnêteté, il n'y a que ça de vrai ! Tu n'as pas besoin de tout raconter à tes parents, mais ne leur mens pas. Il suffit d'un mensonge (par exemple, dire que tu es chez un ami alors que tu sors en discothèque) pour qu'ils perdent confiance en toi et qu'ils t'imposent des restrictions.

Par ici les amis !

Tout le monde a besoin d'amis, mais ils sont encore plus importants quand on grandit. Tu peux rire avec eux ou leur parler de tout ce qui te passe par la tête juste parce qu'ils vivent les mêmes changements que toi et qu'ils comprennent ce que tu traverses. Mais cela n'empêche pas quelques petits problèmes.

Avoir des amis avec qui discuter, c'est bien, la plupart du temps…

Trouver le bon équilibre

Les amis sont importants, mais il ne faut pas leur consacrer tout ton temps. Garde du temps et de l'énergie pour tes devoirs, le sport, tes activités et ta famille. Si tu ne penses qu'à tes amis, tu risques de négliger des choses importantes comme les révisions, qui sont pourtant primordiales pour ton avenir.

En faisant la part des choses, tu pourras aussi prendre du recul par rapport à tes problèmes avec tes amis. Certaines personnes peuvent être très possessives et être jalouses si leur ami voit d'autres gens. Même les meilleurs amis du monde ne peuvent pas être ensemble tout le temps : ils finiraient par se lasser l'un de l'autre. Si tu as d'autres centres d'intérêts, tu seras plus indépendant et cela ne te gênera pas que tes amis aient d'autres loisirs eux aussi.

CONSEIL

Parfois, tu perds contact avec un ami de longue date, ou tu te rends compte que vous n'avez plus grand-chose en commun et tu veux connaître d'autres personnes. Si tu as du mal à sympathiser avec d'autres gens, mieux vaut penser à ce que tu vas leur dire quand tu les verras. Pose-leur des questions sur leur école et sur leurs activités, pour savoir si vous avez des points communs et lance la conversation là-dessus.

Pressé comme un citron

Il est possible que tes amis fassent des choses qui te dérangent, comme fumer ou boire de l'alcool. Ils peuvent te mettre la pression pour que tu le fasses aussi. Quand quelqu'un essaie de te convaincre de faire quelque chose qui te semble mal ou qui te met mal à l'aise, il est préférable de passer moins de temps avec eux et de rencontrer de nouveaux copains. Ce ne sera pas facile, mais tu dois suivre ton intuition. Si quelque chose te paraît mal, ça l'est probablement et il faut passer à autre chose.

Des vrais amis ne te pousseront pas à faire des choses telles que fumer. Ils te laisseront prendre tes propres décisions.

BON À SAVOIR

Qu'est-ce qu'un vrai ami ?

- **Les vrais amis sont loyaux et ne disent pas de mal de toi dans ton dos.**
- **Les vrais amis se disputent parfois, mais ils savent aussi s'excuser et se pardonner les uns les autres.**
- **Avec des vrais amis, tu as l'impression d'être quelqu'un de bien.**
- **Les vrais amis respectent les opinions des autres et ne les obligent pas à faire des choses qui les mettent mal à l'aise.**

Plus que des amis ?

Dans ton groupe d'amis, t'est-il arrivé de te sentir tout à coup attiré par une personne en particulier ? Est-ce qu'il te suffit d'être avec lui ou elle pour que ton cœur batte la chamade, que ta bouche s'assèche et que tes genoux flanchent ? Ne t'inquiète pas, tu est amoureux de lui ou d'elle et c'est normal. Pendant la puberté, les hormones sexuelles qui virevoltent dans ton corps te poussent à t'intéresser aux autres comme tu ne l'as jamais fait auparavant.

Premiers amours et fantasmes

Tu peux tomber amoureux/se de n'importe qui : un ami, une star ou même un professeur. C'est ainsi que ton corps découvre ce qu'est l'amour. Il est normal d'avoir des pensées sexuelles aussi.

Quand on est amoureux de quelqu'un, on a parfois du mal à se concentrer, mais essaie de garder les pieds sur terre.

Les fantasmes te permettent d'explorer les désirs sexuels qui naissent en toi, mais cela ne signifie pas que tu veuilles réellement les réaliser. Être amoureux peut être excitant et drôle, mais si cela devient une obsession et que tu y penses tout le temps, cela peut avoir des conséquences néfastes. Ne néglige pas tes amis, tes devoirs ou ce que tu fais habituellement.

Il est parfois difficile de faire la différence entre avoir des sentiments très forts pour un ou une amie et vouloir sortir avec lui ou elle.

Homo ou hétéro ?

On dit que quelqu'un est homosexuel quand il est attiré sexuellement par quelqu'un du même sexe. Même si tu as des sentiments très forts pour des amis du même sexe que toi, cela ne veut pas dire que tu es homosexuel. Tu es simplement en train de découvrir quel genre de gens tu apprécies et quelles personnalités t'attirent. Pendant la puberté, les hormones et les émotions sont déchaînées, il n'est donc pas étonnant que tes relations amicales soient intenses.

Certains adolescents sont sûrs très tôt d'être attirés par des personnes du même sexe qu'eux. D'autres peuvent être attirés par les deux sexes pendant un temps. Tout cela est normal : ce sont les hormones qui se font entendre ! Ne t'enferme pas dans une case tout de suite. Laisse à tes hormones le temps de se calmer et tes vrais sentiments t'apparaîtront clairement. Le plus important est que tu assumes ton identité sexuelle et que tu respectes les choix de chacun.

MON BLOG

>

J'ai été amoureuse d'un garçon pendant toute une année mais je n'ai jamais osé le lui dire. Quand j'ai appris qu'il sortait avec une autre fille, j'étais désespérée. Puis j'ai rencontré d'autres gens et j'ai eu des coups de cœur pour quelques garçons et certains en ont eu un pour moi aussi ! Je pense qu'il me plaisait juste parce qu'il était beau. Et puis, être amoureux, ça fait partie de la vie.

JADE, 14 ans

On sort ensemble ?

Quand tu apprécies vraiment quelqu'un et que tu penses qu'il ou elle t'aime aussi, il faut peut-être prendre ton courage à deux mains et lui proposer de sortir avec toi. Cela peut être à la fois excitant et difficile.

Il n'est jamais facile d'être rejeté. Pour minimiser les risques qu'on te dise non, demande seulement à des gens qui t'ont déjà montré qu'ils t'aimaient bien.

Le premier pas

Pour demander à quelqu'un de sortir avec toi, attends d'être seul avec lui ou elle. Tu peux commencer par discuter de tout et de rien puis enchaîne sur vos points communs. Ensuite, demande-lui s'il ou elle voudrait que vous fassiez quelque chose ensemble, comme aller au cinéma. Si vous venez juste de vous rencontrer, propose de sortir avec un groupe d'amis. Vous vous sentirez moins stressés et pourrez apprendre à vous connaître.

Prépare-toi

Les choses ne marchent pas toujours comme prévu, alors prépare-toi à un refus, au cas où. Tu te sentiras peut-être blessé, et même en colère au début, mais il n'y a pas de honte à avoir si l'on te rejette. Dis-toi que c'est une expérience comme une autre et qu'au moins, tu as eu le courage d'essayer.

Amour et affection

Quand tu commences à sortir avec quelqu'un, ne fais rien qui te mette mal à l'aise. Si vous tenez l'un à l'autre, il y a plusieurs moyens de vous montrer votre affection. Vous pouvez vous tenir la main, vous prendre dans les bras ou vous embrasser si chacun d'entre vous est prêt et a envie de le faire.

Lorsque vous aurez une relation stable depuis quelque temps, l'un d'entre vous voudra peut-être aller plus loin. Il ou elle aura envie de te toucher et de te caresser de façon sexuelle, les seins ou le pénis par exemple. Cela peut être excitant si tu as envie de le faire, mais traumatisant dans le cas contraire. Il faut savoir dire non si tu trouves que les choses vont trop loin, ou si tu vois que ta ou ton partenaire n'est pas à l'aise. Tu ne dois jamais avoir de relations sexuelles ou faire des choses dont tu n'as pas envie juste parce que ton ou ta petit(e) ami(e) le veut, ou parce que tu crois qu'il ou elle va te laisser tomber si tu ne le fais pas.

Beaucoup d'adolescents ont peur de ne pas savoir embrasser. Si tu te détends et agis naturellement, tout se passera très bien.

CONSEILS

Si tu penses que ta relation ne fonctionne plus, quitte ton partenaire en douceur. Et n'oublie pas que vous serez tous les deux plus heureux au bout du compte.

- Explique clairement pourquoi tu romps. Tu t'épargneras beaucoup de temps et de stress en étant direct.
- Essaie de ne pas être cruel. Ne te lance pas dans une attaque personnelle et reste sensible.
- Choisis bien le lieu. Retrouvez-vous seuls, loin de l'école et de vos amis.
- Choisis le bon moment. Ne quitte pas quelqu'un la veille d'un examen important ou le jour de son anniversaire.

Apprends à t'aimer

Avec toutes les transformations et les défis qui assaillent les adolescents pendant la puberté, il n'est pas étonnant que beaucoup d'entre eux se sentent embarrassés par leur apparence et leur comportement. Certains se comparent aux autres et finissent par se persuader qu'ils sont différents. Tu dois développer ton estime de toi et ta confiance en toi pour forger ta vraie personnalité. Si tu te connais bien et que tu te respectes, tu feras les bons choix.

BON À SAVOIR

L'automutilation consiste à se blesser soi-même, en se coupant ou en se brûlant. Certains jeunes sont tentés de la pratiquer pendant la puberté, lorsque leurs émotions prennent le dessus. Pourtant, ceux qui s'automutilent risquent de s'infliger des blessures graves et irréversibles. C'est aussi le signe que la personne ne parvient pas à contrôler ses émotions, alors si tu connais quelqu'un dans ce cas, demande de l'aide au plus vite.

Un peu d'entraînement

Développer sa confiance, c'est un peu comme développer ses muscles : il faut s'entraîner. Tu peux commencer par être plus positif à ton égard. Par exemple, au lieu de te torturer l'esprit à cause de ce que tu ne peux pas faire ou que tu n'aimes pas, concentre-toi sur ce que tu fais bien et sur ce que tu aimes chez toi. Et si certaines choses que tu ne peux pas changer ne te plaisent pas, comme ton nez, regarde plutôt ce qui te plaît, comme tes yeux ou tes cheveux. Certains prennent confiance en intégrant un club ou en s'exerçant à de nouvelles activités. Il n'est pas évident de se lancer, mais tu seras surpris de voir à quel point tu te sentiras mieux après cela.

Quand tu penses à toi, il faut positiver ! Cela changera ton image de toi et même ta vie entière.

C'est aussi l'occasion de te faire de nouveaux amis. Parfois, il suffit d'une toute petite chose, comme modifier ton langage corporel, pour te sentir et paraître plus confiant. Entraîne-toi à relever la tête, à marcher bien droit et à regarder les gens dans les yeux et tu verras la différence.

CONSEIL

Souviens-toi que tous les gens aimeraient changer quelque chose en eux, même s'ils ont l'air très sûrs d'eux. Ne te mets pas dans un coin pour te comparer aux autres, sors de ta cachette et amuse-toi !

Test

Le rapport aux autres, tu maîtrises ?
(réponses p. 61)

1 Tes parents refusent de te laisser aller à une soirée. Est-ce que tu

a) en discutes avec eux et essaies de trouver un compromis ?
b) te mets à crier sur eux ?
c) y vas et leur mens en disant que tu vas chez un ami ?

2 Ton ou ta meilleur(e) ami(e) te dit qu'il ou elle va passer le week-end avec un autre ami. Est-ce que tu

a) t'organises pour faire autre chose, content(e) de savoir que vous êtes si proches même s'il ou elle voit d'autres amis à l'occasion ?
b) vas chez lui ou elle et insistes pour te joindre à eux ?
c) l'ignores pendant une semaine ?

3 Si tu te sens triste, un ami te

a) demanderait ce qui ne va pas et t'encouragerait à en parler.
b) laisserait seul. Quand tu es de mauvaise humeur, tu es insupportable.
c) dirait d'aller en parler à l'un de tes parents ou de tes professeurs.

4 Es-tu trop obsédé par une personne en particulier ?

a) Tu penses à lui ou elle souvent, mais tu es aussi occupé qu'avant.
b) Tu dessines des cœurs et traces ses initiales sur tes livres de classe.
c) Tu as perdu l'appétit, tu as du retard dans tes devoirs et tes amis ne supportent plus de t'entendre parler d'elle ou de lui.

À ta santé !

Ton corps subit beaucoup de changements alors tu dois en prendre soin. Tu penses peut-être que tu es déjà bien assez occupé sans avoir à penser en plus à ce que tu manges et au nombre de douches que tu prends, mais tu n'as qu'un corps, il faut bien le traiter !

Essaie de choisir des plats équilibrés pour ton alimentation.

Une question d'équilibre… alimentaire

Avoir une alimentation équilibrée est important toute la vie, mais surtout pendant la puberté. Ton corps a besoin d'une nourriture adaptée à ta croissance rapide. Bien manger t'aidera aussi à être en forme. Pour manger équilibré, privilégie les féculents, les fruits et les légumes, le lait et les produits laitiers, quelques protéines et peu de graisse et de sucre. N'oublie pas de boire beaucoup d'eau. Elle te maintient en bonne santé, t'aide à te concentrer et à avoir bonne mine.

Si tu manges sainement et que tu fais du sport, tu ne devrais pas avoir de problèmes de poids. Mais si tu décides de faire un régime, fais-le correctement et demande conseil à un médecin. Le meilleur moyen de perdre quelques kilos est de manger de plus petites portions, de limiter les aliments gras et de consommer plus de fruits et de légumes. Avec ces bonnes habitudes, tu ne risqueras pas de reprendre le poids que tu as perdu.

BON À SAVOIR

Les troubles de l'alimentation peuvent être dangereux et entraîner des dégâts irréversibles sur l'organisme. Ils touchent les filles comme les garçons. Quelqu'un qui est boulimique ingurgite de grandes quantités de nourriture puis se fait vomir pour éviter de prendre du poids. Un ou une anorexique, en revanche, se prive de nourriture pour perdre du poids. Si tu souffres de l'un de ces problèmes, parles-en à tes parents ou à un adulte, et va voir un médecin dès que possible.

Et si tu faisais de l'exercice ?

Faire du sport est un très bon moyen de rester en forme, de ne pas prendre de poids et de renforcer ton organisme. De plus, cela permet d'évacuer le stress car, quand tu fais de l'exercice, ton corps libère des endorphines, ce qui te permet de te sentir bien et positif. Si tu te soucies de ton apparence, le sport t'aidera aussi ! Ton corps sera tonifié et tu seras éclatant de santé. Tu dormiras également mieux et auras plus d'énergie pendant la journée.

La plupart des adolescents ont besoin de sept à dix heures de sommeil chaque nuit. Si tu as un coup de fatigue pendant la journée, fais une petite sieste, et tu repartiras frais comme un gardon.

Au dodo

Pendant la puberté, tu as besoin de beaucoup de sommeil car ton corps libère les hormones à l'origine de ta poussée de croissance pendant que tu dors. Si tu manques de sommeil, tu risques d'avoir des sautes d'humeur, de manquer de concentration, voire de souffrir de dépression. Le problème est dû en partie aux hormones. Chez les adolescents, l'hormone qui contrôle le sommeil, la mélatonine, est libérée plus tard que chez les adultes, alors il se peut que tu n'aies pas sommeil au moment d'aller au lit. Tu peux essayer de rattraper ton manque de sommeil le week-end, mais il vaut mieux trouver un moyen d'être fatigué plus tôt pendant la semaine : prends un bain, bois un verre de lait chaud ou lis pendant une demi-heure avant d'éteindre la lumière.

Prends soin de toi

C'est bien ta veine qu'à l'âge où tu es si préoccupé par ton apparence, tu commences à avoir des boutons et à transpirer deux fois plus. Et puis, tu ne peux pas vraiment éviter ces problèmes...

Pourquoi ai-je des boutons ?

Les boutons sont dus à une substance huileuse de la peau appelée le sébum. Ton organisme le produit pour protéger ta peau et pour qu'elle reste souple et imperméable. Pendant la puberté, le corps produit plus de sébum, et une partie peut obstruer les pores (petits trous) de ta peau. Des bactéries restent bloquées dans les pores, puis se multiplient et forment des boutons. La plupart des adolescents ont des boutons sur le visage ; certains en ont aussi dans le cou, dans le dos, sur les épaules et sur le torse.

La bonne nouvelle à propos des boutons, c'est qu'il existe un arsenal de solutions pour les combattre, du savon antibactérien au masque sur le visage.

Essaie de résister à la tentation de te gratter les boutons. Cela pourrait te laisser des cicatrices et, si tes doigts sont sales, tu risques une infection. Lave-toi le visage avec du savon ou un démaquillant chaque jour et essuie-toi avec une serviette propre.

BON À SAVOIR

Huit adolescents sur dix ont des boutons, que ce soit des gros spots bizarres ou de l'acné. Les filles ont souvent l'impression d'avoir plus de boutons au moment de leurs règles, alors que, pour les garçons, le problème est plus permanent.

Ne gratte pas ton visage trop fort car cela pousserait ta peau à produire encore plus de sébum ! Si tu as un bouton, tapote-le avec un stick antiboutons. Il devrait disparaître dans les deux jours. Si le problème est plus important, essaie un savon antibactérien pendant deux semaines. Si ton acné est grave, il vaut mieux que tu ailles voir un médecin pour qu'il te prescrive un traitement.

Essaie de te laver régulièrement le visage, les dents, les cheveux et le corps, et tu ne seras pas le seul à apprécier le changement !

CONSEIL

À cause du sébum supplémentaire que ta peau produit pendant la puberté, tu risques aussi d'avoir les cheveux gras. Lave-les souvent avec un shampoing doux. (Les laver tous les jours ne les rendra pas plus gras.) Si tu utilises un démêlant, assure-toi qu'il soit sans huile et adapté aux cheveux gras. Et si tu te sers d'un sèche-cheveux, ne sélectionne pas la puissance maximale car la chaleur incite le cuir chevelu à produire plus de sébum.

Sus aux odeurs corporelles !

C'est parti pour une douche quotidienne ! Si les odeurs corporelles sont plus fortes à la puberté, c'est parce que tu te mets à transpirer de façon différente. Ton organisme possède deux sortes de glandes sudoripares (qui produisent la sueur), et parmi elles, les glandes apocrines ne commencent à fonctionner qu'à la puberté. Même si la sueur n'a pas d'odeur, quand les bactéries naturelles de la peau la décomposent, elle sent mauvais. Il faut donc te laver souvent et changer de vêtements, de sous-vêtements et de chaussettes tous les jours, et utiliser un déodorant ou un antitranspirant pour éviter les charmantes odeurs des aisselles.

Gare aux interdits

Pour prendre soin de toi, il faut non seulement savoir ce qu'il faut faire, mais aussi ce qu'il ne faut pas faire ! Notamment, fumer, boire de l'alcool et consommer de la drogue.

Fumer

S'il y a une chose dont ton corps peut se passer, c'est bien la cigarette. Tu ne penses peut-être pas au risque, pourtant sérieux, d'avoir un cancer à long terme, mais qu'en est-il des effets immédiats ? Fumer va te coûter beaucoup d'argent. Tes vêtements et tes cheveux vont sentir mauvais, tes doigts jauniront, tu auras mauvaise haleine, tu vas beaucoup tousser et ta voix sera cassée.

Si tu crois être plus attirant en fumant une cigarette, tu te trompes lamentablement.

Boire et se droguer

L'alcool et la drogue modifient le fonctionnement de ton organisme. Ils touchent le cerveau et altèrent ton sens de la réalité, tes émotions, ta vue, tes mouvements, ta parole et ton audition. Prendre des substances aussi dangereuses alors que tu es encore en pleine croissance peut avoir de graves conséquences. Par exemple, l'alcool fait ralentir tes fonctions corporelles, et si tu bois trop d'alcool en peu de temps, elles peuvent ralentir au point que tu tombes dans le coma, voire que tu meures.

BON À SAVOIR

Ceux qui boivent de l'alcool ou prennent de la drogue lors d'une soirée risquent de regretter leurs actes. L'alcool et la drogue troublent la perception et tu peux te retrouver à faire des choses stupides et dangereuses, comme monter en voiture avec un conducteur saoul ou avoir des relations sexuelles avec quelqu'un que tu ne connais pas. N'oublie pas, il suffit d'un rapport sexuel non protégé pour tomber enceinte ou attraper une IST.

La dépendance

Le plus gros problème avec la cigarette, l'alcool et la drogue est qu'ils sont addictifs. Cela signifie qu'ils contiennent des substances chimiques qui te rendent dépendant et qu'au bout d'un moment, il t'en faudra toujours plus. Des études ont montré que, plus tu commences à fumer et à boire de l'alcool tôt, plus tu risques de devenir dépendant. C'est très bien pour ceux qui te vendent ces produits, mais ça ne l'est sûrement pas pour toi. La dépendance peut ruiner la vie de quelqu'un, affecter son travail, ses relations et sa santé. Tu te dois de respecter ton corps et de penser à ton avenir. Ne laisse rien t'en empêcher.

L'adolescence est un vrai défi parfois, mais c'est aussi l'un des moments les plus excitants et les plus passionnants de ta vie, alors profites-en bien !

Le dernier mot…

Même après avoir lu ce livre, il se peut que tu te poses encore quelques questions. Il y a peut-être des choses que tu trouves difficiles à aborder avec tes parents, et tes amis n'ont pas forcément la réponse exacte, même s'ils ont l'air sûrs d'eux. Tu trouveras à la fin de ce livre une liste de numéros de téléphone et de sites Internet où tu trouveras plus d'informations et de conseils. Tu peux aussi t'adresser à une autre personne, comme à un médecin, une infirmière scolaire, un professeur, un conseiller d'éducation ou un autre adulte avec qui tu n'as pas peur de parler. Surtout, ne perds pas trop de temps à t'inquiéter, débrouille-toi pour trouver la réponse ou le conseil dont tu as besoin au plus vite, puis passe à autre chose et amuse-toi !

Questions et réponses

Que puis-je faire avec mes boutons ?
Il ne faut ni les presser ni les gratter : ta peau deviendrait rouge et douloureuse et tu risques d'avoir une cicatrice. Traite-les avec un stick antiboutons et, si tu veux, dissimule-les avec un stick cache-boutons jusqu'à ce qu'ils disparaissent.
Ne les gratte pas trop fort, lave-toi juste la peau avec un savon doux et utilise une crème hydratante sans huile.
Si tu as une acné grave, le médecin te prescrira un traitement.

Pourquoi ai-je faim tout le temps ?
À la puberté, ton corps a besoin de nourriture pour alimenter ta croissance. Beaucoup de jeunes ont peur que cela leur fasse prendre du poids, mais cela n'arrivera pas du moment que tu ne te sers pas de tes fringales pour manger des cochonneries.
Plutôt que de te jeter sur des biscuits au chocolat, prends une banane, une pomme ou une barre de céréales quand tu as faim, et mange beaucoup de féculents, de préférence complets, comme du riz noir ou des pâtes complètes.

Pourquoi est-ce que je sens si mauvais ?
Quand tu as de la sueur sur la peau, des bactéries la décomposent, ce qui libère des substances nauséabondes. Pendant la puberté, les hormones des glandes sudoripares sous les aisselles et près des parties génitales se mettent à fonctionner et les bactéries aiment se nourrir à ces endroits-là. La seule solution est de se doucher régulièrement, de porter des vêtements propres et d'utiliser un déodorant ou un antitranspirant.

Dois-je voir un médecin pour avoir une contraception ?
Tu peux aller voir ton médecin pour avoir des informations sur la contraception. L'entretien restera confidentiel. Si tu n'as pas trop envie de discuter de cela avec un médecin, tu peux te rendre dans un Centre de planification et d'éducation familiale (CPEF) ou dans un Établissement d'information, de consultation et de conseil familial (EICCF), où l'on t'informera et où l'on te fournira des contraceptifs gratuitement. Tu trouveras les coordonnées du centre le plus proche de chez toi sur www.planning-familial.org.

Serai-je toujours vierge si j'utilise un tampon ?
Oui. On ne perd sa virginité qu'en ayant un rapport sexuel. Certaines personnes pensent que la déchirure de l'hymen prouve qu'une fille n'est plus vierge. En fait, la plupart des jeunes filles utilisent des tampons plus fins, qui n'endommagent pas l'hymen.

Mes règles sont-elles trop abondantes ?
Normalement, tu dois perdre l'équivalent de 4 à 12 cuillerées à café de sang pendant les règles, mais chaque fille ou femme ne perd pas la même quantité ni le même type de sang pendant les règles. Certaines femmes perdent une petite quantité de sang fluide et sombre ; d'autres perdent plus de sang rouge vif. Parfois, tu perdras aussi de petits caillots de sang.
Tout cela est normal, mais si tu es inquiète, tu peux consulter un médecin.

Que puis-je faire pour ne plus avoir les cheveux gras ?
Utilise régulièrement un shampoing pour cheveux gras et lave-toi toujours les cheveux après avoir fait du sport pour éviter que ton cuir chevelu produise trop de sébum.
Essaie de ne pas trop te toucher les cheveux car cela favorise la production de sébum.
Ne porte pas un chapeau pour couvrir tes cheveux ; cela empêche la sueur de ton cuir chevelu de s'évaporer et aggrave encore le problème.

Au secours, je crois que j'ai une IST !
Le problème avec les IST, c'est que les symptômes sont difficiles à repérer et qu'on ne s'en aperçoit pas toujours. Le seul moyen d'être sûr est de voir un médecin.

Pourquoi mon pyjama est-il mouillé au réveil ?

C'est parce que tu as eu une émission nocturne. Cela se produit quand un garçon éjacule pendant son sommeil, généralement parce qu'il voit des images sexuelles dans ses rêves. Tu ne peux pas contrôler ces émissions nocturnes ni les éviter. Garde du papier absorbant près de ton lit pour tout nettoyer rapidement et change tes draps toi-même.

Pourquoi est-ce que je me dispute avec mes parents ?

Les disputes entre parents et adolescents sont normales, mais elles peuvent parfois dégénérer. Même si c'est dur, essaie de ne pas t'emporter et parle sans interrompre tes parents. Évite les insultes, fais toujours preuve de respect et n'aborde que les sujets qui en valent la peine. Ne prends pas l'habitude de crier pour des broutilles. Essaie de trouver des compromis et tu gagneras plus facilement le respect et la confiance de tes parents.

Je suis amoureux/se de quelqu'un. Comment faire pour arrêter d'y penser ?

Tu peux fantasmer sur ton amoureux/se secret de temps en temps, mais cela ne doit pas devenir une obsession. Trouve une activité à l'extérieur, où tu verras du monde. Évite de te mettre en retard dans tes devoirs et demande à tes amis de te distraire.

Mon pénis est-il trop petit ?

Chacun traverse la puberté à son rythme, alors ne te compare pas aux autres garçons. Quoi qu'il en soit, ton pénis continuera probablement à s'allonger jusqu'à tes dix-huit à vingt-et-un ans. Les garçons sont souvent inquiets parce que leurs testicules grossissent plus tôt que leur sexe, et ils ont l'impression que leur pénis est trop petit. De plus, si tu as quelques kilos en trop, les tissus graisseux peuvent cacher un peu le pénis et le faire paraître plus petit qu'il ne l'est.

Suis-je prêt à avoir des relations sexuelles ?

Jusqu'à tes quinze ans, tu ne peux légalement pas avoir de relations sexuelles. Par la suite, il n'est jamais facile de savoir si c'est le bon moment et la plupart des adolescents préfèrent attendre. Avoir un rapport sexuel pour la première fois est une grande étape, et cela peut avoir des conséquences sur ta santé physique et mentale. Quoi qu'il en soit, n'oublie pas qu'aucun contraceptif n'est sûr à 100 %. As-tu réellement pensé à ce que tu ferais face à une grossesse non prévue ?

Réponses aux tests

Page 9

1 (a) ; 2 (a) ; 3 (a) ; 4 (a) ; 5 (a).
Si tu as répondu « a » partout, tu peux être fier de toi !

Page 21

1 Vrai
2 Vrai
3 Vrai
4 Vrai
5 Faux – tu dois les jeter dans une poubelle.
6 Faux – cela signifie tension prémenstruelle.
7 Vrai
8 Faux – le rasage rend les poils plus épais et plus sombres.

Page 31

1 (b) ; 2 (b) ; 3 (b) ; 4 (b) ; 5 (b).
Si tu n'as que des « b », tu as été bien attentif/ve.

Page 41

1 Faux
2 Vrai
3 Faux – il y a toujours un risque de grossesse même quand on utilise un contraceptif.
4 Faux – MST signifie maladie sexuellement transmissible.
5 Vrai
6 Faux – il est dangereux de rencontrer quelqu'un qu'on ne connaît que sur Internet.

Page 53

1 La meilleure solution est « a » car les autres risqueraient de provoquer un conflit avec tes parents.
2 Là aussi, la réponse est « a ». Si tu as choisi l'une des deux autres réponses, tu es trop possessif/ve avec tes amis.
3 Un vrai ami choisirait la réponse « a », même s'il ou elle aurait raison de te dire de parler à tes parents ou à un professeur s'il ne pense pas pouvoir t'aider.
4 Si tu te comportes comme dans la réponse « a », pas de problème. Si tu as choisi « b » ou « c », tu prends le risque que ton coup de cœur devienne une obsession.

Glossaire

Abus sexuel quand quelqu'un force une autre personne à avoir un rapport sexuel ou à faire quoi que ce soit de sexuel avec lui alors que l'autre personne ne le veut pas.

Acné affection de la peau courante chez les jeunes, où l'inflammation des glandes sécrétant le sébum à la racine des poils provoque des boutons blancs et noirs.

Anorexie trouble alimentaire, où la personne se prive de manger pour perdre du poids pendant si longtemps qu'elle perd totalement l'appétit.

Antidouleur médicament utilisé pour soulager la douleur.

Bactérien relatif à ou causé par une bactérie. Les bactéries sont des organismes unicellulaires microscopiques : certains sont essentiels à la survie, d'autres provoquent des maladies.

Boulimie trouble alimentaire, où une personne traverse des phases où elle avale de grandes quantités de nourriture en une fois puis se fait vomir ou prend des laxatifs, pour éviter de grossir.

Centre de planning familial centre où les gens se rendent pour avoir des conseils sur la contraception ou l'organisation de la vie familiale.

Confidentiel se dit de quelque chose de privé, qui ne doit être répété à personne.

Contraception méthode utilisée pour éviter une grossesse lorsqu'un couple a un rapport sexuel.

Cycle menstruel temps entre les règles d'une femme et les suivantes (généralement environ 28 jours).

Dépendance quand quelqu'un devient dépendant à quelque chose, au point de ne plus pouvoir s'en passer.

Éjaculation émission de sperme par le pénis.

Endorphines substances produites par le cerveau qui réduisent la douleur et améliorent l'humeur.

Érection lorsque l'afflux de sang dans les vaisseaux sanguins du pénis augmente, généralement quand un adolescent ou un homme est excité sexuellement, et que son pénis devient plus gros et rigide.

Estime de soi sentiment d'être content ou fier de soi et d'avoir confiance en soi.

Fécondation lorsqu'un spermatozoïde mâle pénètre un ovule féminin. L'ovule fécondé se développe pour former un bébé.

Féculents aliments riches en sucres lents et en amidon, comme le pain, les céréales, qui donnent de l'énergie quand on les mange.

Génétique causé par les gènes. Les gènes sont comme un code, qui fait de nous ce que nous sommes. Ils sont transmis des parents à l'enfant lors de la conception.

Glandes organes qui produisent ou libèrent une ou plusieurs substances dont le corps a besoin, comme les hormones de croissance, qui disent à ton corps quand grandir.

Hétérosexuel lorsqu'une personne est attirée par des gens du sexe opposé.

Homosexualité lorsqu'une personne est attirée sexuellement par quelqu'un du même sexe qu'elle.

Hymen membrane de peau qui couvre en partie l'entrée du vagin.

Infection sexuellement transmissible (IST) infection ou maladie transmise par contact sexuel.

Intra-utérin à l'intérieur de l'utérus.

Lubrifier rendre quelque chose plus glissant ou plus doux en l'enduisant de lubrifiant (crème ou huile).

Masturbation quand quelqu'un se touche les parties génitales pour avoir un plaisir sexuel.

Ménopause le moment de la vie d'une femme où ses cycles menstruels s'arrêtent.

Œstrogène hormone femelle produite par les ovaires.

Orgasme pic de plaisir sexuel que connaissent aussi bien les hommes que les femmes.

Ovaires organes reproducteurs femelles qui produisent les ovules et les hormones sexuelles.

Ovule cellule sexuelle (ou gamète) femelle.

Parties génitales organes sexuels externes comme le clitoris ou le pénis.

Pilule du lendemain cachet qu'une femme prend jusqu'à trois jours après un rapport sexuel pour éviter une grossesse.

Préliminaires activités sexuelles telles que des caresses, des attouchements et des baisers auxquelles un couple s'adonne avant d'avoir un rapport sexuel.

Préservatif moyen contraceptif en forme de fourreau (ou de chaussette), fait en latex ou en polyuréthane, que les hommes portent sur le pénis au moment de l'acte sexuel.

Puberté transformations physiques qui touchent le corps d'un enfant pour le transformer en celui d'un adulte capable de se reproduire.

Pubis zone qui englobe les parties génitales, souvent recouverte de poils pubiens après la puberté.

Reproduction lorsqu'un homme et une femme conçoivent et ont un enfant.

Sébum substance huileuse produite et libérée par les glandes de la peau.

Tension prémenstruelle (TPM) divers symptômes que les filles et les femmes subissent pendant plusieurs jours avant le début de leurs règles chaque mois, tels qu'irritabilité, envie de pleurer et sautes d'humeur.

Testicule glande en forme d'œuf à l'intérieur du scrotum de l'homme. Les testicules produisent les spermatozoïdes et les hormones mâles.

Testostérone hormone sexuelle mâle produite par les testicules.

Troubles alimentaires graves problèmes liés à la nourriture, qui peuvent mettre la santé de la personne en danger.

Sites Internet et associations

Voici plusieurs sites Internet que tu peux consulter ou associations que tu peux contacter si tu as besoin de conseils ou d'informations supplémentaires :

Ministère de la Santé : tu trouveras sur le site beaucoup d'informations sur divers sujets (contraception, tabac, alcool, etc.). Va voir le site : *www.sante.gouv.fr.*

MFPF (Mouvement français pour le planning familial) : pour obtenir des informations sur la contraception et la sexualité, et pour trouver l'adresse du centre le plus proche de chez toi, consulte le site : *www.planning-familial.org.*

On s'exprime : site Internet qui propose des informations sur la sexualité et sur toutes les questions que l'on se pose à la puberté. Consulte le site : *www.onsexprime.fr.*

Fil santé jeunes : si tu as des questions sur la sexualité, la contraception ou tout autre sujet qui te préoccupe, va sur le site *www.filsantejeunes.com* ou téléphone au 0 800 235 236 ou au 32 24 depuis un poste fixe (appel gratuit) ou 01 44 93 30 74 depuis un portable (appel non surtaxé).

Education sexuelle.com : site pour les parents et les adolescents, dédié à l'éducation sexuelle des adolescents. Consulte le site : www.educationsexuelle.com.

Le Refuge : l'association apporte aide et soutien aux jeunes victimes d'homophobie. L'association propose aussi des hébergements d'urgence pour les jeunes victimes d'homophobie. Va voir sur le site : *www.le-refuge.org.*

Association d'aide aux boulimiques : l'association propose une écoute et des informations sur la boulimie et les autres troubles alimentaires. Rends-toi sur le site *www.boulimie.com* ou téléphone au 01 45 41 38 49.

Info contraception : 0 825 089 090

Drogues info service : 0 800 23 13 13, appel gratuit depuis un poste fixe. Avec un portable, composez le 01 70 23 13 13, prix d'une communication ordinaire.

Écoute cannabis : 0 811 91 20 20, coût d'une communication locale depuis un poste fixe, 7j/7, de 8 h à 20 h.

Écoute alcool : 0 811 91 30 30, coût d'une communication locale depuis un poste fixe, 7j/7, de 14 h à 2 h.

SOS VIOLS : 0 800 059 595

Permanence régionale CENTRE contraception - IVG : numéro vert 0 800 881 904

Index

Les chiffres en **GRAS** font référence aux illustrations.